Der Weihnachts-Pustebär

und acht weitere außergewöhnliche Geschichten zu Weihnachten

Rolf Schlicher & Rainer Gumpp

pilger
verlag

6

16

28

44

62

70

76

88

102

Inhaltsverzeichnis

DER TUNNEL

Der Tunnel 1

Tim und Meike

In der Nacht hatte es geschneit. Richtig geschneit. Wohl mehr als zehn Zentimeter. Weiße Weihnachten also. Ausgerechnet jetzt, dachte er. Das machte es noch schwerer. Viel schwerer.

Er erinnerte sich genau daran, wann sie hier zuletzt so viel Schnee an Heiligabend gehabt hatten. Tim war neun gewesen, Meike elf. Tim hatte ein großes Pflaster auf der Stirn kleben, weil er am Morgen vor lauter Aufregung gegen den Schrank in seinem Zimmer gerannt war. So viele Jahre war das inzwischen her. Damals hatte es am Nachmittag begonnen. Dicke Flocken waren es gewesen. „Lauter Fallschirme für die gestressten Weihnachtsengelchen“, hatte Meike gerufen und sich – mit den Armen flügelschlagend – im Kreis gedreht. Alle hatten gelacht. Er und Tim. Auch Anne.

Er hörte dieses aufgedrehte, aufgeregte Lachen immer noch. Seins. Das von Meike und Tim. Und das von Anne. Er schloss die Augen. Atmete ruhig, sah diese alten Bilder langsam auf- und vorbeiziehen. Ja, genau so war es damals an Heiligabend gewesen.

Schon vor der Bescherung war draußen alles weiß. Es schimmerte und glitzerte. Die Kerzen am Baum ließen sie noch herunterbrennen, dann liefen sie alle vier in den Garten. „Wo sind die Engel, ich seh keine Engel?“, fragte Tim und ließ sich mit den Schneeflocken zu Boden fallen. Alle lachten wieder. So nah waren sie sich selten gewesen. Er und die Kinder begannen dann, einen Schneemann zu bauen. Anne ging zurück ins Haus. Wohl weil ihr kalt war. Vielleicht aber auch, weil das Telefon geklingelt hatte. Ihre Schwester rief immer an Weihnachten an.

Die Kinder hängten dem Schneemann einen Gartenschlauch um die Schultern. Und Meike setzte ihm noch eine Langhaarperücke auf den Kopf, die sie schnell aus übrig gebliebenem Lametta geflochten hatte. „Wir haben einen Weihnachtsfeuerwehrmann", tönte Tim. Und Meike schrie: „Nein, das ist unsere Weihnachtsfeuerwehrfrau."

Tim und Meike stellten sich neben den Schneemann und spielten Feuerwehr. Beide taten so, als hielten sie einen Schlauch in den Händen und löschten einen Brand im Grill, der nach dem Sommer immer noch auf der Terrasse stand. „Mama, Mama, komm in den Garten, wir sind die Weihnachtsfeuerwehr", riefen die beiden und lachten wieder. „Kann die Feuerwehr denn auch singen?", fragte Anne. „Logo", sagte Tim. „Auf jeden Fall", hörte er Meike sagen.

Und dann hatten sie draußen zusammen „O du fröhliche" angestimmt und sich dabei an den Händen gehalten. Anne konnte alle Strophen: „Himmlische Heere jauchzen Dir Ehre: Freue, freue dich, o Christenheit!" Danach waren sie zurück ins Haus gegangen und die Kinder hatten weiter Geschenke ausgepackt. Dieses Weihnachten würde er nie vergessen, hatte er damals gedacht. Und so war es, er wusste alles noch ganz genau. Auch an die Geschenke erinnerte er sich. Meike hatte ein Fahrrad bekommen, Tim eine elektrische Modelleisenbahn.

Im Ausland

Ihre Tochter war jetzt 23. Meike hatte dies und das ausprobiert, im August war sie für ein freiwilliges soziales Jahr nach Bolivien gegangen. Tim studierte Maschinenbau, diesen Winter absolvierte er ein Auslandssemester in Stockholm.

Annes Schneekuchen

Dass in der Nacht Schnee gefallen war, erschien ihm an diesem Tag wie ein Ausrufezeichen. Nur kurz hatte er nach dem Aufstehen gezögert. Dann war er barfuß zum Briefkasten gelaufen, um die Zeitung zu holen. Zunächst hatte die Kälte geprickelt, dann geschmerzt. Er hatte fast gewollt, dass es wehtat. Erstmals würden sie Weihnachten ohne die

Kinder feiern. Bei Meike war es von vornherein klar gewesen, dass sie nicht für die wenigen Feiertage nach Deutschland reiste. Zu weit, zu teuer. Später am Abend würden sie skypen. Tim hätte gestern fliegen sollen. Sie wollten ihn vom Flughafen abholen. Dann hatte Annes Handy geklingelt. „Nein", hatte seine Frau enttäuscht gerufen. Er hatte fragend geschaut. Tim konnte nicht kommen. Sein Flug war überbucht. „Und was ist mit einer späteren Maschine?", hatte er gefragt. Anne hatte leicht den Kopf geschüttelt: „Tim sagt, es wären einfach keine Plätze mehr frei."

Beim Frühstück meinte Anne: „Anton, wir machen es trotzdem wie immer." Sie nannte ihn nur dann beim Vornamen, wenn ihr etwas sehr wichtig war. Er nickte. „Ja, wie immer." Anne ging in die Küche. Wenig später hörte er das Rührgerät. Anne setzte den Hefeteig für ihren traditionellen Weihnachtskuchen an – einen Gugelhupf, in den Zitronat und Orangeat statt Rosinen kamen. Und der mit einem Guss aus Zitronensaft und Puderzucker überzogen wurde. „Schneekuchen" hatte Tim dazu früher gesagt. Am Schluss steckte Anne dünne Mürbeteigsterne in den Weihnachtsgugelhupf, die sie meist am Tag zuvor schon gebacken hatte. Als Tim gestern Abend angerufen hatte, war das Blech mit den Sternen gerade im Ofen gewesen.

Er schaute in den verschneiten Garten. Was sollte er jetzt in den nächsten Stunden tun? „Wir machen es wie immer", hatte Anne gesagt. Aber heute war nichts wie immer.

Tack-Tack-Tuck

Dass der Karton so schwer war, hatte ihn überrascht. Er war in den Keller gegangen, um die Modelleisenbahn zu holen. Tims alte Eisenbahn. Aber eigentlich hatte sein Sohn, wie es schien, immer nur eher pflichtschuldig damit gespielt. Wohl ihm zuliebe. Und seit Tim 13 oder 14 war, hatten sie die Eisenbahn an Weihnachten erst gar nicht mehr aufgebaut.

Er stellte den Karton in Tims Zimmer auf dem Holzboden ab und begann auszupacken. Langsam und sorgfältig. Er hatte ja Zeit. Gleise, Weichen, Waggons. Den roten Schienenbus. Dann das „Krokodil". Den kleinen Bahnhof. Die zwei Trafos. Signale. Und schließlich den großen Tunnel. An den hatte er merkwürdigerweise gar nicht mehr gedacht. Wie seltsam. Tim und er hatten damals aus Holz, Steinen, Pappe, Draht, Zeitungen und viel Tapetenkleister eine Berglandschaft gebaut, durch die der Tunnel führte. Für Modelleisenbahnverhältnisse war es ein ziemlich langer Tunnel. Kein Wunder, dass der Karton so groß und schwer war.

Er machte sich daran, die Schienen auf dem Boden aneinander zu stecken. Es wurde eine große Acht mit einem äußeren Kreis und Ausweichgleisen. Nach zwei Stunden war endlich auch alles verkabelt. Von unten hörte er erneut die Küchenmaschine, der Hefeteig für den „Schneekuchen" wurde offenbar zum zweiten Mal geknetet.

Er setzte das „Krokodil" aufs Gleis und drehte am Trafo. Diese Lok mit ihrer Doppelschnauze, den zwei Motoren und acht Achsen war der Modelleisenbahn-Klassiker schlechthin und das Prunkstück der Anlage. Doch für Tim, so erinnerte er sich, war es einfach nur ein Zug wie jeder andere gewesen. Das „Krokodil" setzte sich majestätisch in Bewegung. Alles funktionierte noch. Nach und nach hängte er ein paar Güterwagen an. Er liebte das Geräusch. Dieses Klackern der Räder, und das etwas gewichtigere Dahinrollen des „Krokodils". Tack-Tack-Tuck. Ein gleichmäßiges Rattern. Das geheimnisvoll gedämpft wurde, wenn der Zug durch den langen Tunnel fuhr. Er setzte sich auf Tims Bett und sah dem „Krokodil" zu. Tack-Tack-Tuck. Tack-Tack-Tuck. Tack-Tack …

Abrissarbeiten

Zunächst wusste er nicht, was es genau war. Nur ein Gefühl. Etwas stimmte nicht. Kein Tack-Tack-Tuck. Er schreckte auf. Wo war das „Krokodil"? Offenbar im Tunnel. Aber warum fuhr der Zug nicht wieder heraus? Er drehte am Trafo. Nichts. Etwas verwirrt musterte er die leeren Gleise. Dann beugte er sich vor und hob den Tunnel hoch. „He, was soll das", rief eine Stimme empört. Er brauchte ein paar Sekunden, um zu begreifen, was er da sah. Auf dem Gleis lag ein Holzklotz, der das „Krokodil" an der Weiterfahrt hinderte. Auf dem vorderen Teil der Lok stand ein daumengroßes Männchen, das verärgert zu ihm hochschaute: „Was fällt dir ein, gib mir den Tunnel zurück", rief der Kleine. Der Zwerg oder Kobold – oder was auch immer es war – steckte in einem Blaumann und hatte eine rote Mütze auf. Verwirrt stellte er den Tunnel wieder hin. „Das gibt es doch nicht", murmelte er. Er drehte noch einmal am Trafo. Nichts.

Unten in der Küche hatte Anne jetzt ihre Weihnachtsmusik aufgelegt. „Christmas Lights" von Coldplay. Ein Lied über das Warten auf den Schnee, die Kraft der Weihnachtsbeleuchtung und über gleich mehrere betrunkene Elvis-Figuren. Das Stück ließen sie an Weihnachten immer ein paar Dutzend Mal laufen. Die Melodie war beschwingt und zugleich leicht melancholisch. Meike und Tim liebten das. Er und Anne auch. Diesmal hatte „Christmas Lights" vor allem etwas sehr Trauriges. Aber Anne hatte ja gesagt, „wir machen es wie immer, Anton".

Er hob den Tunnel erneut hoch. Jetzt waren die dort schon zu dritt. Der Kleine mit dem Blaumann hatte einen Schweißbrenner in der Hand und war dabei, den Führerstand des „Krokodils" abzutrennen. Die anderen beiden hatten bereits einen Teil des Vorbaus abgeschraubt. „Was macht ihr da?", fragte er ungläubig. „Das siehste doch, wir wracken die Lok ab", rief der Kleine im Blaumann. Wieder schaute der Zwerg oder Kobold – oder was auch immer es war – grimmig zu ihm empor und sagte: „Stell jetzt endlich wieder den Tunnel hin, wir haben zu arbeiten."

Er setzte den Tunnel abrupt auf den Boden. Ein Reflex. Kurz flackerte das Licht an der Decke. Er drehte den Regler des Trafos auf null. „Was ist das?", fragte er sich. „Ein schlechter Scherz?" „Oder eine Art Augsburger Puppenkiste, aus der die Blechbüchsenarmee entlaufen war?" Er zwickte sich in den Arm. Dann rief er laut „Schluss jetzt!" Und hob den Tunnel wieder hoch. Inzwischen wuselte ein Dutzend kleiner Männchen um das „Krokodil" herum. Von der Lok fehlten schon beträchtliche Teile. Drei dieser Winzlinge hatten eine der Achsen, die sie ausgebaut hatten, geschultert und trugen sie davon. Sie verschwanden gerade hinter dem Schrank, der in Tims Zimmer neben dem Bett stand.

„Was fällt euch ein", rief er laut. „Hört sofort auf!" Der kleine Mann in dem Blaumann drehte sich um und blickte zu ihm hoch: „Hier spielt doch schon ewig keiner mehr mit der Eisenbahn, jetzt kommt sie weg." Bei diesen Worten riss der Zwerg – oder was es auch immer war – einen der Stangenpuffer ab und warf ihn neben das Gleis.

„Stopp, stopp", schrie er jetzt, „das ist die Eisenbahn von meinem Sohn". „Was du nicht sagst", meinte das Blaumann-Männchen: „Sei doch mal ehrlich, du hast ihm diese Eisenbahn geschenkt, weil du selbst eine Eisenbahn haben wolltest; dein Sohn war damals ziemlich enttäuscht." Der Zwerg riss einen weiteren Stangenpuffer ab und trat eines der Übergangsbleche aus der Aufhängung. „Das stimmt nicht", rief Anton jetzt aufgewühlt. „Mein Sohn hat sich damals an Weihnachten sehr darüber gefreut."

Der Blaumann-Typ hielt inne, zog sich die rote Mütze vom Kopf und warf sie in den ersten Güterwaggon hinter dem „Krokodil". Dann steckte er sich eine Zigarette an. Und schließlich pfiff er durch die Finger: „Kommt alle mal her, der Alte meint, sein Sohn hätte sich damals über die Eisenbahn gefreut." Die anderen Männchen liefen zusammen und schauten ihn an. „Erzählt ihm, wie es an diesem Heiligabend wirklich war“, sagte der Blaumann zu den anderen. „Tim lag damals nach der Bescherung hier im Bett und hat bitterlich geweint“, sagte einer der kleinen Männer. „Und unglücklich geschluchzt, bis er endlich eingeschlafen war“, rief ein anderer. Anton sah hinunter auf die Schar und fragte: „Woher wollt ihr das denn überhaupt wissen?“ Der Blaumann lachte höhnisch und erwiderte dann: „Wohnen wir hier unter Tims Bett oder du?“

Einer der anderen fuhr fort: „Und weißt du, was sich dein Sohn damals tatsächlich so sehnlichst gewünscht hatte?“ Die Zwerge musterten ihn spöttisch. „Nein“, hörte er sich sagen. Es klang verunsichert. Der Blaumann nickte mehrmals und sagte: „Ein schwebendes Skateboard hat er sich gewünscht; stattdessen habt ihr ihm diese blöde Eisenbahn geschenkt, die nicht mehr kann, als im Kreis herumzufahren.“

Aber so ein schwebendes Ding gibt es doch gar nicht, höchstens im Film, dachte er. „Du hättest ihm ja wenigstens ein normales Skateboard schenken können“, rief der Blaumann, der nun begann, mit einem Hammer weitere Stücke vom „Krokodil“ herauszuschlagen. Ein anderer machte sich daran, das Gelenkfahrwerk zu zerlegen. Funken stoben aus dem Winkelschleifer, das Kreischen der Trennscheibe hallte in seinem Kopf.

Fast wie immer

Er fuhr sich durchs Gesicht und spürte, dass er weinte. Draußen war es schon dunkel geworden. Plötzlich war alles still. Kein Kreischen, kein Schlagen, kein Hämmern. Etwas stimmte nicht. Er wusste aber nicht, was. Es war ein Gefühl. Dann plötzlich eine bekannte Stimme, ein Aufschrei. Er fuhr sich wieder durchs Gesicht. „Anton, Anton“, hörte er Anne rufen. Er sah auf, vor ihm fuhr gerade das völlig unversehrte „Krokodil“ aus dem Tunnel. Tack-Tack-Tuck. Tack-Tack-Tuck. „Anton“, rief es noch einmal. Es musste wichtig sein, dachte er. Offenbar war er auf dem Bett kurz eingenickt.

„Was für ein wirrer Traum“, murrte er und stand auf. Zur Sicherheit hob er den Tunnel hoch. Nichts. Nur das Gleis. Alles schien in Ordnung. Von hinten kam wieder das „Krokodil“. Tack-Tack-Tuck. Er stellte den Tunnel zurück. Sah, wie der Zug hineinfuhr und dann herauskam. Gleich im ersten Waggon hinter der Lok lag etwas Rotes. Er kniff die Augen zusammen und blickte genau hin: Es war eine kleine, rote Mütze. Oder war es ein Hemdenknopf? Er schnupperte. Roch es etwa nach Zigarettenrauch? „Verflixt“, sagte er leise. Anne rief: „Anton, jetzt komm doch endlich runter; schau mal, wer da ist.“ Er ging zur Tür und lief die Treppe hinab. Im Flur stand Tim und lachte ihn an.

Und Anne strahlte noch mehr und sagte: „Er hat es doch geschafft, er hat einfach den Zug genommen.“ Und Tim meinte: „Das war so ein Uraltzug der schwedischen Staatsbahn, wie das gerattert hat; aber weißt du was, Papa, die Lok sah aus wie jenes tolle Teil, das du mir mal zu Weihnachten geschenkt hast.“ „Wie das Krokodil?“, fragte er. Und Tim sagte: „Genau, genau so.“

Anne hakte sich bei ihnen unter und zog sie ins Wohnzimmer. Seine Frau lachte fröhlich. Er und Tim auch. Anne sagte: „Jetzt gibt es erst mal ein Stück Schneekuchen, und nachher telefonieren wir mit Meike.“

Die Schneekugelstoßerin 2

Der Ronaldo-Schaufler

Bodo und Valentin waren das, was man zwei Lausbuben nennt, die es faustdick hinter den Ohren haben. Bodos Mutter sagte sogar, die beiden Jungs hätten es „kniedick“ hinter den Ohren. Und dann erzählte sie immer die Geschichte von Tante Lisbeth, die angeblich so dicke Knie und Oberschenkel gehabt hatte, dass sie im Supermarkt nur quer an der Kasse vorbeikam.

Bodo und Valentin besuchten dieselbe Schulklasse, trainierten im selben Fußballverein und hatten immer die gleichen Kappen auf. Jetzt im Winter waren es freilich rote Pudelmützen. Die zwei Freunde schienen einfach unzertrennlich - so kurz vor Weihnachten mehr denn je. „36 zu 32 für mich“, rief Bodo und kickte den Fußball energisch durch die Fußgängerzone.

Vor ein paar Tagen hatten sich die beiden ein neues Spiel ausgedacht: Weihnachtsbäume umdribbeln. Mit dem Ball natürlich. Die Geschäftsleute der Stadt hatten die Fußgängerzone mit Dutzenden von Tannenbäumen herausgeputzt. Für Bodo und Valentin waren sie freilich nichts anderes als Spieler einer gegnerischen Fußballmannschaft. Antäuschen, Übersteiger und eine blitzschnelle Körperdrehung - und schon war Bodo wieder an einem Weihnachtsbaum vorbei. Dafür gab es einen Punkt. Zwei Punkte ergatterte, wer den Ball ganz eng rechts am Baum vorbeipasste, links in den freien Raum spurtete und die Lederkugel dann gekonnt mit dem Außenrist mitnahm. Bingo!

An diesem Abend waren Bodo und Valentin die Fußgängerzone schon dutzendmal hoch- und runtergestürmt, als Valentin einen Fünf-Punkte-Trick probierte. Der hatte bisher bei keinem der beiden geklappt. Aber Valentin lag 32:36 zurück, er musste etwas riskieren. Die zwei Jungs nannten dieses Kunststück den Ronaldo-Schaufler. Dafür musste man den Ball über den Weihnachtsbaum hinweg lupfen, an diesem dann wie der Wind vorbeiflitzen und den Pass mit der Hacke so weiterleiten, dass der Fußball am Ende auf der Bommelmütze liegen blieb.

Vermutlich hätte das selbst der große Cristiano Ronaldo nicht fertiggebracht. Aber Valentin versuchte es. Erst lupfen, sofort wie der Teufel losrennen, dann die Hacke hoch. Der Ball plumpste jedoch nicht in einem abgezirkelten Bogen auf die Mütze; nein, er sprang mit gewaltigem Effet davon und knallte gegen ein Fenster. Glas splitterte. Dann hörte man nur noch das Schnaufen von Valentin. Bodo fluchte japsend: „Pferdemist."

Klimmzüge

Bodo und Valentin näherten sich vorsichtig dem Haus mit der zerdepperten Scheibe. Die Tür war verschlossen, doch drinnen brannte Licht. „Das gibt bestimmt ein paar hinter die Löffel", flüsterte Bodo. Als die beiden sich am Fenstersims hochzogen, konnten sie, solange die Kräfte reichten, in das dahinterliegende Zimmer hineinspähen. Bis sie begriffen hatten, was sie dort sahen, waren die Finger bereits dunkelgrünblau angelaufen und rutschten ab. „Was sind das für Bilder?", fragte Bodo verwirrt. „Die ganzen Wän-wän-wände hääängen voll da-damit", sagte Valentin. Der immer etwas stotterte, wenn er aufgeregt war.

Die Jungs machten sofort den nächsten Klimmzug am Fenstersims. Und zwar so stramm, dass sie jetzt den ganzen Raum überblickten. Es waren Dutzende von Bildern. Manche mit Rahmen, die meisten aber ohne. Die Größe der Gemälde war unterschiedlich, das Motiv aber stets dasselbe: eine Waldlichtung, auf der ein lila Häuschen stand. Die gelben Fensterläden waren geöffnet, rundum blühten Sonnenblumen. Und auf dem Dach hockte eine Eule.

Bodo und Valentin keuchten vor Anstrengung. An dem Tisch, der mitten im Zimmer stand, saß eine

Frau. Sie kehrte ihnen den Rücken zu. Die beiden hörten gerade noch ein Schluchzen und sahen gerade noch, dass ihr Fußball unter dem Tisch lag, als die erneut dunkelgrünblau angelaufenen Finger wieder den Dienst versagten. „Ihr Rotzlöffel, was macht ihr da?“, rief plötzlich hinter ihnen ein Mann. Bodo und Valentin fuhren herum und schauten schuldbewusst.

„Unser Fußball“, sagten sie. „Den habt ihr durchs Fenster geballert, oder?“, brummte der Mann. Er hatte rote Backen, trug einen Blaumann und hatte gelbe Gummistiefel an den Füßen. Bodo und Valentin blickten noch etwas schuldbewusster. Der Mann kratzte sich am Kinn. „Verflixt“, sagte er. „Wisst ihr denn nicht, wer die Frau ist, die in dem Haus lebt?“ Die Jungs schüttelten den Kopf. Der Mann stieß einen Pfiff aus und sagte: „Das ist die alte Schneekugelstoßerin.“ Bodo und Valentin sahen sich verständnislos an. Dann riefen sie einträchtig und unzertrennlich wie immer: „Was, um alles in der Welt, ist eine Schneekugelstoßerin?“

Der Bericht des Nachbarn

Der Mann kratzte sich erneut am Kinn, schnaufte zweimal tief durch und sagte schließlich in etwa Folgendes:

Also hört mal zu, ihr zwei. Ich wohne gleich nebenan, schon seit 31 Jahren. Das Nachbarhaus stand lange leer. Irgendwann ist diese Frau dann dort eingezogen. Ich habe das erst gar nicht bemerkt, ich habe ja nie jemanden rein- oder rausgehen sehen. Das ist doch komisch, oder? Als ich dann das erste Mal registrierte, dass Licht in der Wohnung brannte, bin ich rüber und habe ans Fenster geklopft. Eine Klingel gab es ja nicht. Nichts rührte sich. Da bin ich dann wieder nach Hause und hab mich ins Bett gelegt. Ich kann ja nicht ewig aufbleiben und ans Fenster klopfen. Ich schaffe schließlich draußen auf der Werft, wisst ihr. Und muss früh raus.

Als ich am nächsten Morgen das Haus um 5.30 Uhr verließ, brannte drüben immer noch Licht. In dem Moment ging die Tür auf, und ein Mann kam heraus. Tau-

benblauer Trainingsanzug, kleiner Kugelbauch und ein Pepitahut auf dem Kopf. „Tschuldigung", rief ich ihn an. Der Mann sah auf, und sein Hut ruckte in den Nacken. „Was is, ich kauf nix", knurrte er und schob den Hut wieder zurück. „Ich bin nur der Nachbar", sagte ich beruhigend und bot ihm eine gerade frisch geschmierte Stulle aus meiner Frühstücksbox an.

Der fremde Mann griff danach. Ich sagte: „Als Nachbar will man doch wissen, wer nebenan wohnt." Der Mann hatte währenddessen das Brot aus dem Butterpapier gewickelt, zwischen die Scheiben geschaut und anerkennend bemerkt: „Ah, Wildschweinbratwürstchen, fein geschnitten und mit Senf." Der Fremde biss in das Brot. „Und jetzt", fragte ich ungeduldig, denn ich musste zur Schicht. „Das ist Antonia, die Schneekugelstoßerin", sagte der Mann und schmatzte. „Was oder wer soll das sein?", fragte ich noch etwas ungeduldiger. Und weil es wirklich pressierte und weil der Mann jetzt Anstalten machte, mit einer abwehrenden Handbewegung davonzueilen, schob ich gleich die nächste Frage hinterher: „Und woher wollen Sie das überhaupt wissen?" Der Fremde war schon mit schnellen Schritten ein paar Meter die Straße runtergelaufen, als er sich noch einmal umdrehte und rief: „Ich war ihr Trainer, aber das ist lange her." Der Pepitahut ruckte wieder in den Nacken. „Und danke für das Brot", sagte der Mann noch. Dann war er weg.

Ein Plan

Als der Nachbar mit seinem Bericht fertig war, gab er Bodo und Valentin jeweils einen Klaps auf den Hinterkopf. Und mit der Ermahnung „Lausejungs, wenn ihr nicht aufpasst, gibt es nix zu Weihnachten“, ging er zurück in seine Wohnung.

„Was sollen wir jetzt machen?“, meinte Bodo. Valentin antwortete: „Auf jeden Fall ist unser Fußball noch da drin, ohne den können wir uns den Ronaldo-Schaufler abschminken.“ Er mimte verzweifelt einen Hackentrick, der aber eher wie eine schlaffe Luftgitarre aussah. „Hallo“, riefen beide laut Richtung Fenster. Nichts rührte sich. Ein leises Schluchzen war zu hören – aber vielleicht war das auch nur Einbildung. „Die Schneekugelstoßerin“, murmelte Bodo und meinte: „Das ist vielleicht so ein alter Kram aus den Geschichtsbüchern wie Caesar, King-Kong oder Fritz Walter.“ Valentin überlegte und sagte dann: „Warum fragen wir nicht einfach unsere Lehrerin?“

Bodos und Valentins Geschichtslehrerin wohnte ein paar Ecken weiter in der Seestraße. Das wussten die zwei, weil sie ihr vor Wochen ketchupbeschmierte Plastiktüten in den Briefkasten gestopft hatten. Aus Rache, wie die beiden behaupteten. Denn die Geschichtslehrerin hatte Bodo und Valentin auf die letzte Klassenarbeit eine Fünf gegeben. Sie hieß Frau Roggenbeck, die beiden nannten sie aber immer nur „der Roggenschreck“.

Diesmal klingelten die Jungs an ihrem Haus. Die Tür ging auf, der Flur war hell erleuchtet. Keiner sagte ein Wort. Bodo und Valentin schauten ungläubig ihre Lehrerin an, die in der Schule meist nur pummelige Wollpullover und Jeans trug. Jetzt hatte „der Roggenschreck“ ein elegantes weißes, mit Pailletten besticktes Abendkleid an, trug schwarze, lange Handschuhe und grüne Pumps mit Goldschleifchen. „Frau Roggenbeck, haben Sie denn Geburtstag?“, fragten die beiden verblüfft. „Nein“, sagte die Geschichtslehrerin vergnügt, „ich übe nur ein wenig für den Weihnachtswalzer.“

Bodo und Valentin nickten – und verstanden eigentlich überhaupt nichts.

„Was wollt ihr denn hier, Nachhilfestunden etwa?“, fragte die Lehrerin. „Nein, nein“, riefen die beiden sehr energisch und erzählten Frau Roggenbeck dann von der Schneekugelstoßerin, die angeblich Antonia hieß. Als sie fertig waren, drehte sich Frau Roggenbeck auf den Absätzen ihrer Schuhe einmal gekonnt um die eigene Achse und sagte anschließend: „Dann kommt mal rein, ihr Lausejungs.“

Der Bericht der Lehrerin

Bodo und Valentin zogen sich die Mützen vom Kopf. Frau Roggenbeck, die Lehrerin, berichtete schließlich Folgendes:

Das ist eine alte Geschichte. Und ich habe auch nur davon gehört, weil ich so gerne Weihnachtswalzer tanze. Nicht den Schneewalzer, hört ihr; nicht dieses abgedroschene Schunkellied. Aber der Weihnachtswalzer, der ist einfach ein Gedicht. So leicht, so hold, so wahrhaftig. Ich musste einfach wissen, wann dieser Weihnachtswalzer zum ersten Mal erklungen ist. Ich habe nachgeforscht. Zuerst in meinen alten Büchern aus Studienzeiten, dann in Archiven und Bibliotheken. Alles umsonst. Ich fand nichts, was mich weitergebracht hätte. Wo ich auch fragte, nichts als Achselzucken.

Dann habe ich diesen Sommer eine Freundin in Münster besucht. Wir bummelten durch die Gassen und landeten am Nachmittag in einem Antiquariat. Michael Solder heißt der Besitzer. „Haben Sie etwas über den Weihnachtswalzer“, fragte ich ihn. „Sie wissen schon, der ist ein Gedicht“, fügte ich schnell hinzu, weil ich sah, dass er mich abwimmeln wollte. Vermutlich dachte er zuerst: noch so ne Jukebox-Schnepfe. Doch beim Stichwort „Gedicht“ kam der Antiquar ins Grübeln. „Weihnachtswalzer, Weihnachtswalzer“, murmelte er. „Ja, stimmt, da war mal was“, sagte Solder schließlich.

Er lief an seinen Regalen mit all den Büchern entlang. Stieg auf die Leiter. Ging in den Keller. Dann auf den Dachboden. Zwischendurch rief er immer wieder: „Noch einen Moment bitte." Meine Freundin war inzwischen in einen Stoß alter „Emma"-Zeitschriften vertieft, als Solder mit einem Büchlein zurückkam. Der Einband war etwas fleckig. „Hier bitte", sagte er. Ich schaute auf den Titel: „Der Weihnachtswalzer – die Hymne der Schneekugelstoß-Meisterschaften". Ich begann sofort zu lesen.

Bodo und Valentin schauten ungläubig. Doch sie stellten keine Fragen. Und Frau Roggenbeck fuhr fort:

Ich will es kurz machen: Ihr kennt bestimmt den Hohe-Loog-Wald hinter der Stadt. Vor langer Zeit haben sich dort die besten Schneekugelstoßerinnen und Schneekugelstoßer der Welt getroffen. Immer an Heiligabend. Und immer haben sie dann den Weihnachtswalzer getanzt. Es muss ein glückliches, fröhliches Völkchen gewesen sein, diese Schneekugelstoßer-Truppe. Aber dann muss irgendetwas schiefgelaufen sein. Im Buch heißt es dazu nur, die Schneekugelstoß-Meisterschaften seien schon lange Vergangenheit. Heute sei auf der Waldlichtung, wo einst der Weihnachtswalzer erklungen ist, nur noch ab und an der Ruf einer Eule zu hören.

Ein Entschluss

Als Frau Roggenbeck ihren Bericht beendet hatte, saßen Bodo und Valentin zunächst stumm auf dem Sofa. Dann fragen sie: „Von Antonia steht nix in dem Buch?" „Nein", sagte die Lehrerin und fügte dann roggenschreckstreng hinzu: „Jetzt ab nach Hause, morgen ist wieder Schule." Auf dem Heimweg blieben beide plötzlich abrupt stehen. „Wir müssen auf diese Hohe-Loog-Lichtung, wo es damals die Schneekugelstoß-Meisterschaften gab", sagte Bodo. „Du meinst an Heiliga-a-a-a-abend?", fragte Valentin, der sofort ziemlich aufgeregt war. „Genau", antwortete Bodo. Und fügte entschlossen hinzu: „Und dort müssen wir unbedingt diese Eule finden." Bis zum Weihnachtsfest waren es noch drei Tage. Ihre Ungeduld machte die beiden Jungs ganz kribbelig.

Der Bericht der Eule

Eine Stunde vor der Bescherung schlichen sich Bodo und Valentin heimlich aus ihren Elternhäusern. Als sie zur Lichtung kamen, erblickten sie als Erstes das lila Häuschen. „Dadadas Haaaus von den Biildern", stotterte Valentin. Die Fensterläden waren geschlossen, die Blumenkästen leer. Aber auf dem Dach saß eine Eule. Die zwei Buben leuchteten ihr mit der Taschenlampe frech in die Augen.

Die Eule sprach:

Ach so, der Bodo und der Valentin. Guten Abend, ihr zwei. Habe schon gehört, ihr seid neugierig. Und interessiert euch für unsere Antonia, die Schneekugelstoßerin. Nun ja, setzt euch da ins Moos. Das dauert jetzt etwas länger. Und macht vor allem diese blöde Taschenlampe aus. Ja, das stimmt, früher haben sich hier die besten Schneekugelstoßerinnen und Schneekugelstoßer der Welt getroffen. Aber nicht, um den Weihnachtswalzer zu tanzen, wie es in diesem dummen Buch steht. Nein, diese Schneekugelstoßer waren aus einem ganz besonderen Grund genau an Heiligabend hier.

Die Schneekugeln, die ihr kennt, sind wahrscheinlich diese billigen Souvenirs oder Geschenkartikel. Man schüttelt sie, und ein paar Plastikflocken ruckeln durchs Wasser. Erbärmlich. Alles unnötige Staubfänger. Nein, nein, echte Schneekugeln sind etwas ganz Besonderes. Sie leuchten von innen heraus, man muss sie auch nicht schütteln, denn in diesen Kugeln schneit es ständig – und zwar Goldstaub.

Schneekugelstoßerinnen und Schneekugelstoßer sind keine protzigen, gedopten Kraftsportler, müsst ihr wissen. Sie sind eher eine Mischung aus geschickten Billard- und Boulespielern. Antonia war eine dieser Meisterinnen. Immer an Heiligabend haben sie sich hier rund um dieses lila Haus aufgestellt. Und auf ein gehei-

mes Kommando hat jeder eine Schneekugel in den Himmel gestoßen. Wenn die Kugeln sich exakt im gleichen Moment trafen – und zwar nur dann – verschmolzen sie zu einem großen Weihnachtsstern, der die ganze Nacht über dem Wald schwebte.

Doch dann wurde Antonia übermütig. Sie versuchte, ihre Kugel mit einer ganzen Weihnachtswalzerdrehung – und das dazu linksherum – besonders anmutig über das Dach hinwegzuschnippen. Das ging schief. Die Schneekugel bekam zu viel Effet, sprang dort drüben an den Baum und zerschellte. Was für ein Unglück. Seitdem leuchtet hier an Heiligabend kein Stern mehr.

So, ihr Lausbuben, jetzt wisst ihr alles. Macht, dass ihr nach Hause kommt, sonst verpasst ihr noch das Christkind.

Die Eule zog den Kopf ein. Bodo und Valentin schauten sich verblüfft an, dann fielen sie sich gegenseitig mit ihren Fragen aufgeregt ins Wort: „Hat Antonia im Zirkus gearbeitet?" „Am Trapez?" „Oder als Löwenbändigerin?" „Hat sie Geschwister?" „Ist sie gut im Rechnen?" „Wollte sie mal Ingenieurin werden und Staudämme bauen?" „Oder Astronautin?" „Was sind ihre Lieblings-Weihnachtsplätzchen?" „Kann sie gut Fußball spielen?" „Und wo bekam sie überhaupt diese Schneekugeln her?"

Doch die Eule hatte die Augen geschlossen und schwieg.

Volles Risiko

Bodo und Valentin stolperten aus dem Wald zurück in die Stadt. Der Bericht der Eule ging ihnen nicht aus dem Sinn. „Wir sind eh zu spät dran", sagte Valentin schließlich. „Du meinst, wir sollten erst noch bei Antonia vorbeischauen und sie trösten?", fragte Bodo. „Genau", erwiderte Valentin, „wir zwei wissen doch am besten, wie sich das anfühlt, wenn man was zerdeppert hat – ob Fenster oder Schneekugel, beides ist aus Glas." Und Bodo meinte: „Im Prinzip ist so ein Schneekugelstoß ja nix anderes als unser Ronaldo-Schaufler." „Ganz genau", stimmte Valentin zu, „beides ist ein Risiko." Die zwei Lausejungs blieben stehen, klatschten sich lachend ab und riefen: „Aber wenn es überhaupt klappt, dann an Weihnachten."

Bodo und Valentin liefen schnell weiter und machten einen herrlich anzusehenden Luftgitarren-Hackentrick nach dem anderen – bis sie endlich das Haus von Antonia erreicht hatten. Die Tür stand diesmal offen. „Als ob sie uns erwartet hätte", sagte Bodo. Er und Valentin schauten in den Flur. Die Luft glitzerte. Und schimmerte. Als würde Goldstaub herabrieseln. Ganz leise.

Luigi 3

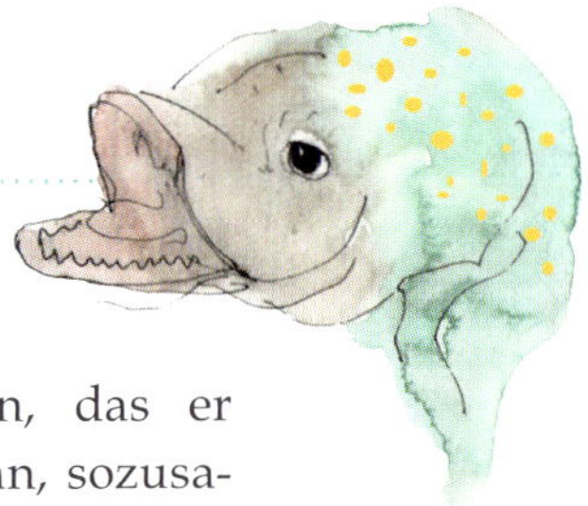

Der Gelatiere

Luigi hieß eigentlich Paul. Doch dies wusste nur Paul. Niemand sonst. Für alle anderen war Luigi eben der Luigi. „Hey Luigi, va bene?“, riefen die Kunden immer, wenn sie an seinem Laden entlang liefen. Es war eine kleine Stadt. Manche kamen am Tag vier- bis fünfmal vorbei, andere sogar noch häufiger. Die Leute konnten ja nicht ständig etwas bei ihm kaufen, das war Luigi klar. Aber sie winkten immer freundlich und fragten: „Hey Luigi, va bene?“

Luigi winkte stets lachend zurück und rief: „Amici veri sono come meloni, di cento ne trovi due buoni.“ Die meisten drehten sich dann noch einmal um und meinten: „Ja, alles gut, Luigiiii.“ Viele dehnten dabei das „i“ gerne etwas länger – wie in Kaugummiiii. Luigi wischte darauf meist nur mit einem Lappen über die Theke und murmelte: „… wenn ihr wüsstet.“

„Amici veri sono come meloni, di cento ne trovi due buoni.“ Er selbst hatte das in seinem italienischen Sprichwörterbuch nachschlagen müssen, das er schon seit Ewigkeiten besaß. Von Kind an, sozusagen. Ganz abgegriffen war das Büchlein inzwischen. Diese Redensart hatte ihm besonders gefallen, deshalb hatte er sie mit rotem Buntstift angestrichen: „Amici veri sono come meloni, di cento ne trovi due buoni“ – Wahre Freunde sind wie Melonen, unter hundert findet man nur zwei Gute. Er war sich sicher, dass die Leute, denen er das zurief, nicht viel davon verstanden. Allenfalls das „meloni“ und dieses „buoni“ würden dem einen oder anderen Italienurlauber vielleicht etwas sagen. Mehr aber auch nicht. „Ja, alles gut, Luigiiii“, sagte er zu sich selbst.

Luigi hatte in der Seestraße einen sehr kleinen Laden. Fast nur einen Meter breit war der und nach vorne offen, wenn das Fenster hochgeschoben war. Aber Luigi liebte dieses Lädchen. Das Rosa der Wand, das Taubenblau der Decke, das Licht aus den vielen kerzenförmigen Glühbirnchen und das glänzende Chrom der Theke. Es war ein Eisladen. Denn Luigi war ein Eismacher – also ein Gelatiere.

Man könnte sagen, Luigi war ein sehr besonderer Eismacher. Bei ihm gab es kein Erdbeereis, kein Vanille, kein Schokolade. Auch kein Nusseis, kein Zitrone und kein Stracciatella. Und schon gar nicht diese abgespacten Sorten, die seine Kollegen in den vergangenen Sommern gerne angerührt hatten. Mischungen wie Madagaskar-Karamell mit Ziegenmilch und Meersalz. Oder Gurkeneis mit Dill und Austernwasser. Oder gestampftes Süßkartoffeleis mit Biosesamschaum. „Da könnte ich ja auch gleich Katzenkotze nehmen", sagte Luigi immer, wenn er von solch abgeschmackten Kreationen hörte. Sie waren ihm einfach ein Graus.

„Hey Luigi, va bene?", rief es von der Straße. Luigi winkte und posaunte heraus, was er immer hören ließ: „Amici veri sono come meloni, di cento ne trovi due buoni." Da funkelte das Chrom, als wolle es Luigi verschwörerisch zuzwinkern.

Luigi war ein Gelatiere, der das ganze Jahr arbeitete. Auch jetzt, so kurz vor Weihnachten, war sein Laden geöffnet. Das Fenster zur Straße blieb selbstverständlich hochgeschoben, alles war wie im Sommer. Bis auf eine kleine Ausnahme: Luigi trug im Winter fingerlose Handschuhe. Sie waren ferrarirot. Natürlich.

Plötzlich stand Frau Roggenbeck vor dem Laden, lachte ihn an und sagte: „Ich brauche jetzt ein Eis." Luigi wusste, dass sie Lehrerin war und ein paar Häuser weiter in der Seestraße wohnte. „Sind Sie sicher, dass es der richtige Moment dafür ist?", fragte Luigi. „Ganz sicher", sagte Frau Roggenbeck. Irgendwie bekam sie immer etwas Reisefieber, wenn sie hier vorbeikam. Denn dieses Lädchen erinnerte sie an ein „Piaggio Ape" – jenes kultige Dreirad, mit dem Handwerker, Gemüsehändler oder eben auch Eisverkäufer durch die Gassen italienischer Städte knatterten. „Ja, dann wollen wir mal", meinte Luigi und öffnete den Deckel des Behälters. Von innen leuchtete es rosablau. An seiner Theke gab es nur diesen einen Eisbehälter. Mehr brauchte er nicht.

Der Golden Nugget

Gegenüber von Luigis Laden befand sich noch ein anderes Geschäft. Um dorthin zu kommen, musste man über den Bach, der drüben direkt an den Häusern entlangfloss. Das war aber kein Problem, denn in der Seestraße gab es gleich sechs Fußgängerbrücken. Der Laden auf der anderen Seite hatte große Fensterscheiben, auf dem Schild über der Tür stand „Hectors Eisen- und Tierwaren – aus Tradition gut". Für Luigi klang das wie „Schuhsohleneis mit Achselschweiß". „Was soll denn an dieser Tradition gut sein?", fragte sich Luigi immer, wenn er einmal wieder hinübersah. Und dass Tiere als leblose Ware betrachtet wurden, fand er ohnehin abstoßend.

Tatsächlich konnte einem auch das Sortiment in „Hectors Eisen- und Tierwaren" etwas paradox erscheinen. Denn dort wurden in der Zooabteilung süße, kleine Mäuse für zwei Euro das Stück verkauft, während es nebenan bei den Eisenwaren Mausefallen für 1,20 gab. Im Zehner-Pack waren die sogar noch billiger. Vielleicht war das eine der raffinierten Geschäftsideen von Hector. So weit, Maus und Mausefalle als makabres Geschenke-Set anzubieten, ging der Ladeninhaber allerdings nicht.

In einer abgedunkelten Ecke von „Hectors Eisen- und Tierwaren" standen die drei Aquarien der Zooabteilung. Sie leuchteten grünlich. Für diesen Bereich war Isabell Mauz zuständig. Mit Eifer hütete sie vor allem ein gläsernes Bassin, das sie immer „mein Goldschatz" nannte. In den verschiedenen Klimazonen dieses Aquariums tummelten sich – zumindest vom Namen her – wahre Kostbarkeiten: die Goldringelgrundel, der Goldsteinbeißer, der Goldstreifen-Ohrgitter-Saugwels, die Goldstrieme und der Golden Nugget. „Hectors Eisen- und Tierwaren" hatte nicht einfach nur die üblichen Goldfische im Sortiment, sondern quasi die aquaristischen Kronjuwelen. Mit besonders viel Fürsorge umhegte Isabell den Golden Nugget. Der sah aus wie ein schwarzer Strumpf mit vielen goldenen Tupfen. Geschuppte Haute Couture unter Wasser also.

Isabell war Auszubildende im zweiten Lehrjahr. Eigentlich sollte die 19-Jährige in der Bäckerei ihrer Eltern arbeiten. Aber Isabell hatte eine Mehlallergie. „Was für ein Glück", sagte sie immer. Denn viel lieber als mit Milchbrötchen und Salzbrezeln hatte sie es mit Tieren zu tun. Isabell träumte von dressierten Löwen und Elefanten, die sie in einem Zirkus vorführte; aber hier in der Stadt gab es nur Katzen – und die Ratten unten am Bach.

Wenn Hector, der Chef, in der Eisenwarenabteilung Kunden bediente und deshalb abgelenkt war, tauchte Isabell oft die Hand ins Aquarium und strich dem Golden Nugget über seine goldenen Tupfen. „Du kleine Goldmarie", flüsterte Isabell. Der Golden Nugget flutschte dann aber meist unter ihren Fingern hinweg und verzog sich ins hintere Eck des Beckens. Er war eben kein Kuscheltier, sondern ein Golden Nugget. So etwas wie der Tiger unter den Goldfischen.

„Was trödelst du da wieder herum", polterte es plötzlich hinter Isabell. Hector, ihr Chef, blickte sie finster an: „Du sollst die Goldfische verkaufen und nicht müde tätscheln", murrte er und ging eilig zurück in die Eisenwarenabteilung, als dort eine Kundin nach Christbaumständern fragte.

Isabell zog die Luft ein. Lautlos wie ein Fisch. Und wisperte: „Wenn du wüsstest." Sie ging zum Schaufenster und schaute hinüber zur Eisdiele. Luigi winkte, als er sie sah. Isabell machte so, als würde sie etwas zwischen Daumen und Zeigefinger halten und kräftig schütteln. Luigi rief etwas. „Molto bene" – Isabell wusste die Worte, ohne sie zu hören.

Frau Roggenbeck

Frau Roggenbeck mochte Luigi. Und sie mochte sein besonderes Eis. Ein Eis, das es sonst nirgendwo in der Stadt gab. Auch in keiner anderen Stadt, in die Frau Roggenbeck je gekommen war, und auch in keinem anderen Land, das sie bereist hatte. Frau Roggenbeck war in den vielen Schulferienwochen, die sie als Lehrerin hatte, reichlich herumgefahren in der Welt. Und hatte so mit ihren 41 Jahren schon allerlei kennengelernt. „Aber nichts ist mit diesem Eis vergleichbar", sagte Frau Roggenbeck immer. Und deshalb schaute sie stets nach jeder Reise sofort bei Luigi vorbei. Und natürlich auch vor jeder Reise. So wie heute. Denn morgen, direkt an Heiligabend, sollte es in den Weihnachtsurlaub gehen. Auf die Osterinsel, was auch Frau Roggenbeck inzwischen etwas dekadent erschien. Aber genau deshalb brauchte sie jetzt ein Eis.

Luigi machte „Stimmungen-Eis". Er sah die Leute genau an, die zu ihm kamen. Las in ihren Gesichtern; beobachtete, wie sie lachten, sprachen und sich durch die Haare fuhren. Luigi erfasste schnell, ob seine Kunden gerade fröhlich oder traurig waren, ob sie übermütig, deprimiert, zerstreut, überarbeitet, besorgt, egoistisch, verlogen oder gerade voll verliebt waren. Passend zur Gemütslage seiner Kunden rührte Luigi dann in seinem Behälter das Stimmungseis. Natürlich sagte er niemandem, wie er das genau machte. Womöglich hatte die Art der Rührbewegungen ihren Anteil daran; mal waren es Kreise, mal Zickzacklinien.

Zu seinen Anfängen als Stimmungen-Eismacher hatte Luigi fröhlichen Leuten ein „Was bin ich heute doch fröhlich"-Eis gerührt und davon ein Bällchen in die Waffel gegeben. Traurige Kunden bekamen ein „Ich bin so traurig"-Eis. Luigi merkte schnell, dass er damit die Welt noch mehr in Schieflage brachte. Fröhliche Menschen wurden bis zur Unerträglichkeit aufgekratztlustig, und traurige Menschen versanken noch tiefer in eine düstere Verlorenheit.

Dann gab es die Phase, in der Luigi gegensteuerte. Fröhliche Leute erhielten prompt ein Traurigmach-Eis, und traurige Menschen ein Fröhlichmach-Eis. Einige Zeit funktionierte das ganz gut. Aber Luigi merkte irgendwann, dass sich die Menschen durch sein Eis immer ähnlicher wurden. Austauschbarer. Der Stimmungsregler stand jetzt – ähnlich wie beim Heizungsventil oder dem Dimmer für die Deckenbeleuchtung – meist auf halb auf oder halb zu. Was auch in diesem Fall dasselbe war.

Dazu kam, dass zu dieser Zeit manche Kunden seine Kunst des Stimmungseismachens völlig missverstanden hatten. „Ich brauche ein Eis gegen Kopfschmerzen", sagte einer. Und ein anderer wollte ein Eis gegen seinen Hexenschuss. Luigi hatte dann immer angemerkt: „Ich bin Gelatiere und kein Apotheker." Und das stimmte ja auch, irgendwie.

Es war auch damals kurz vor Weihnachten gewesen, als Luigi klar geworden war, dass es so nicht weitergehen konnte: Niemand freute sich so richtig auf das Fest, andererseits gab es freilich auch keine totalen Weihnachtsmuffel mehr. Nichts Halbes und Ganzes also – und das ausgerechnet vor Heiligabend.

In den Jahren danach hatte Luigi hart an sich gearbeitet. Er hatte sich die Leute, die zu seinem Laden kamen, noch genauer angeschaut, hatte sein Stimmungseis noch besser auf die Gefühlswelten seiner Kunden abgestimmt. Glücklicher und zufriedener sollten sie nach einer Portion seines Eises sein. Nach all der Zeit und all den Anstrengungen war sich Luigi dann eigentlich sicher gewesen, dass er sein Handwerk jetzt richtig beherrschte. Er hatte vergnügt gelächelt.

Doch dann war in diesem Sommer etwas geschehen, das Luigi klar machte, dass er in der Kunst des Eismachens eben immer noch nicht perfekt war. Dass es für ihn als Gelatiere noch geheime Türen gab, die es zu öffnen galt.

Isabell

Alles kam mit jenem Brückenfest ins Rollen, das in der Seestraße jedes Jahr gefeiert wurde. Die Geschäftsinhaber und Anwohner putzten dabei die sechs Brücken, die über den Bach führten, prächtig heraus. Es gab Bratwurst und Bier. Am Ende des Tages wurde stets die schönste Brücke prämiert, zur Preisübergabe kam sogar der Bürgermeister. Der sagte dann immer, dass es doch lohnend wäre, wenn man in der Seestraße noch eine siebte Brücke hätte. Doch Luigi war damit zufrieden, wie es war.

Diesen Sommer hatten er und Isabell die Brücke, die seinen Eisladen mit „Hectors Eisen- und Tierwaren“ verband, gemeinsam geschmückt. Isabell war einfach zu ihm herübergekommen und hatte gesagt: „Komm, wir machen eine Zirkusbrücke.“ „Das ist auf jeden Fall lustiger als eine Seufzerbrücke“, hatte Luigi lachend geantwortet. So hatten sich die beiden kennengelernt.

Isabell schnitt aus Karton Löwen und Elefanten aus. Und Luigi malte Dutzende seiner Eispappbecher gelb-rot-blau an, so dass sie umgedreht aussahen wie Podeste in der Manege. Dann spannten sie Drahtseile von Haus zu Haus und hängten die Elefanten und Löwen, die sie auf die Eisbecherpodeste geklebt hatten, über der Brücke auf; den Rest der Pappmenagerie knüpften sie an die Brückengeländer. „Ta-ta-ta-ta, Ta-ta-ta-ta“, rief Isabell. Und Luigi hatte den größten Pappeisbecher, den er hatte, aus seinem Laden geholt und klopfte darauf mit den Fingern einen Trommelwirbel nach dem anderen.

Natürlich bekam ihre Zirkusbrücke am Abend den ersten Preis. Natürlich redete der Bürgermeister wieder davon, wie schön es wäre, eine siebte Brücke zu haben. Und natürlich zählte der Bürgermeister wieder auf, was er schon alles geleistet und angepackt hatte. „Unser Weihnachtsbaum-Museum ist einzigartig auf der Welt", sagte er. Der Bürgermeister erwähnte freilich nicht, dass dieses Museum nur an Heiligabend geöffnet war – aber dies ist eine andere Geschichte. Als es dunkel wurde, standen Luigi und Isabell immer noch auf ihrer geschmückten Brücke. Die Elefanten und Löwen drehten sich im Wind. „Gefällt es dir eigentlich da drüben bei Hector", fragte Luigi die 19-Jährige. „Ach, ohne meinen Goldschatz wäre ich da schon lange weg", sagte Isabell. „Deinen was?", fragte Luigi. Und da erzählte Isabell ihm von der Goldringelgrundel, dem Goldsteinbeißer, dem Goldstreifen-Ohrgitter-Saugwels, den Goldstriemen und vor allem vom Golden Nugget.

„Immer wenn ich die Hand ins Aquarium tauche und dem Nugget über die Schuppen streiche, bleibt unter meinen Fingernägeln etwas Goldstaub hängen", sagte sie leise. Und dann holte sie ein Glasröhrchen aus der Tasche, hielt es zwischen Daumen und Zeigefinger, um es dann vor Luigis Gesicht leicht zu schütteln. Luigi sah den Goldglimmer durch das Glasröhrchen wirbeln. „Das ist ja ein Ding", sagte er verblüfft. Und nach einer Weile meinte er: „Lass mich mal nachdenken; ich glaube, ich habe da eine Idee."

Das Weihnachtseis

Die Wochen und Monate nach dem Brückenfest arbeitete Luigi noch härter als zuvor. Manchmal ließ er sogar tagelang seinen Laden zu, so beschäftigt war er. Der Sommer ging vorüber, es wurde Herbst, dann Winter. Luigi experimentierte und komponierte weiter. Er probierte neue Rührtechniken aus, schmeckte immer wieder die Eismischung ab. Er wusste, dass er diesmal tatsächlich dabei war, etwas ganz Besonderes zu kreieren. Luigi trällerte dabei gerne ein altes Lied, das er oft bei seinem Großvater gehört hatte:

Zwei kleine Italiener,
vergessen die Heimat nie,
die Palmen und die Mädchen,
am Strande von Napoli.

Bei „Napoli“ griff er ab und an zu dem Glasröhrchen, das ihm Isabell gegeben hatte, und ließ ein wenig Goldglimmer in die Eismasse rieseln. Dann sang er weiter:

Zwei kleine Italiener,
die sehen es ein:
Eine Reise in den Süden
ist für andre schick und fein,
doch die beiden Italiener
möchten gern zuhause sein.

Luigi fuhr mit dem Zeigefinger durch die Eismischung und probierte. „Ja, richtig zu Hause zu sein, das ist das Wichtigste“, sagte er dann. Er schaute hinüber auf die andere Seite zu „Hectors Eisen- und Tierwaren“. Isabell erschien am Schaufenster und tat wieder so, als würde sie etwas zwischen Daumen und Zeigefinger halten und dabei kräftig schütteln. „Molto bene“, sagte Luigi. Der Nachschub war also gesichert.

Er wusste jetzt, dass er es geschafft hatte. Dieses Stimmungen-Eis war einzigartig. Es war: ein Weihnachtseis. Viel später hätte er nicht fertig sein dürfen, denn morgen war ja schon Heiligabend.

Als nun diese Frau Roggenbeck vor seinem Laden stand, ihn anlachte und sagte „Ich brauche jetzt ein Eis“, war Luigi klar, dass der Moment gekommen war. Frau Roggenbeck würde die Erste sein, die eine Kugel seines Weihnachtseises bekommen sollte. Luigi nahm den Deckel vom Behälter. Als er mit dem Portionierer vorsichtig durch die kühle Masse fuhr, fragte er beiläufig: „Wo geht es denn diesmal hin?“ „Auf die, mhh, nun ja, also, auf die Osterinsel“, sagte Frau Roggenbeck. „So, so“, meinte da Luigi nur, setzte die Kugel Weihnachtseis in die Waffeltüte und gab sie Frau Roggenbeck.

Die Lehrerin lachte. Und mit den Worten „Das tut gut vor so einer Reise“ schleckte sie an dem Eis – dann sagte sie lange Zeit nichts mehr. Frau Roggenbeck sah erst überrascht aus, dann sehr beeindruckt und schließlich so entspannt-fröhlich-friedlich, als würde sie gerade in einem Schaumbad liegen. „Luigi", sagte sie schließlich: „Was um Himmels willen ist das? Ich habe Ihr Eis schon immer gemocht, aber das übertrifft alles."

Frau Roggenbecks Haarsträhnen schienen leicht zu vibrieren, und dann merkte sie, wie die Waffeltüte plötzlich einen goldenen Glanz bekam. „Das ist ein Weihnachtseis", sagte Luigi und fragte schmunzelnd: „Wie schmeckt es denn?" „Einfach wunderbar", antwortete Frau Roggenbeck. Sie schleckte noch einmal genießerisch und sehr versonnen an der Kugel. „Es fühlt sich an, als würde mich die ganze Welt umarmen; das ist ein so schönes Gefühl, dass ich am liebsten hierbleiben würde", meinte sie dann.

„Wollten Sie nicht morgen auf die Osterinsel fliegen?", fragte Luigi. Frau Roggenbeck schüttelte leicht den Kopf, sah ihn an und sagte dann entschlossen: „Wer dieses Weihnachtseis probiert hat, der weiß, wo er zu Hause ist, der will nicht mehr weg, schon gar nicht an Weihnachten."

Luigi formte mit dem Portionierer eine zweite Kugel, setzte sie in eine Waffeltüte, die schnell ebenfalls wie vergoldet schien. „Möchten Sie an Heiligabend vielleicht mit mir zusammen Weihnachten feiern, hier in meinem Laden?", fragte Luigi leise. Frau Roggenbeck nickte. „Liebend gerne", flüsterte sie und schickte sich dann an zu gehen. Nach zwei Schritten drehte sie sich noch einmal um und rief: „Ich bin die Barbara, ich freue mich, bis morgen, Luigi."

Der Gelatiere schob den Deckel auf den Behälter mit dem Weihnachtseis und summte:

Zwei kleine Italiener,
vergessen die Heimat nie,
die Palmen und die Mädchen,
am Strande von Napoli.

Fast ein Tänzchen

In „Hectors Eisen- und Tierwaren“ hatte Isabell vor zwei Stunden das Licht ausgeknipst und die Tür abgeschlossen. Dann war sie hinüber zu ihren Eltern gefahren. Heiligabend verbrachte sie mit ihnen zusammen. Das Geschäft lag jetzt im Dunkeln. Nur die drei Aquarien leuchteten grünlich. Der Golden Nugget zog seine Runden durch das Glasbassin, ein paar Luftblasen stiegen im Wasser auf. Hinten im Laden raschelte etwas. Vielleicht war es eine der Mäuse, die Glück gehabt hatten und im Weihnachtsgeschäft übrig geblieben waren. Der Golden Nugget begann plötzlich, sich anmutig zu drehen. Es sah fast aus, als würde er tanzen.

Luigis Geschichte

Frau Roggenbeck hatte sich, wie immer an Weihnachten, schick gemacht: Sie trug ihr elegantes weißes, mit Pailletten besticktes Abendkleid, dazu die grünen Schuhe mit den Schleifchen. Und sie hatte ihren Weihnachtsohrring an: einen kleinen Pinguin, der eine Kerze in der Flügelspitze hielt. Das Schmuckstück hatte sie auf einer Grönlandreise in Ilulissat erworben, der Händler hatte ihr damals partout nur den einen Ohrring verkaufen wollen. Sie hatte nicht verstanden warum. „Uagutsinnik, uagutsinnik“, hatte der Händler gerufen.

Barbara Roggenbeck lief über die Brücke hinüber zu Luigi. Der Gelatiere erwartete sie schon. „Hereinspaziert“, sagte er. In den schmalen Laden passten gerade ein kleines Tischchen und zwei Stühle. Luigi hatte auf einem Campingkocher Pasta gekocht.

Viel später am Abend, als draußen die Glocken zur Christmette läuteten, hob Luigi das Tischchen hoch über den Kopf und stellte es schwungvoll weiter nach hinten. Die beiden saßen sich jetzt direkt, Knie an Knie, gegenüber. „Du darfst dir etwas wünschen", sagte Luigi. Frau Roggenbeck nippte an ihrem Rotweinglas und sagte dann: „Erzähl mir eine Geschichte, Luigi."

Der Gelatiere holte tief Luft und erzählte dann in etwa dies:

Es war in den 1950er-Jahren, als aus Italien viele Männer nach Deutschland kamen. „Gastarbeiter" nannte man sie hier. Die meisten wurden in den Fabriken gebraucht. Aber es gab auch etliche, die eine Pizzeria eröffneten. Das mochten die Deutschen, denn Pizza kannten sie aus dem Italienurlaub. Überall gab es allmählich solche Pizzerien: „Sole d'ore", „Cortina", „Milano" oder „Napoli" hießen sie; die Städte waren voll davon. Nur bei uns hier fand sich einfach kein „Gastarbeiter", der eine Pizzeria aufmachen wollte. Die Leute fuhren deshalb immer häufiger in die Nachbarstädte.

Irgendwann sagte sich der Bürgermeister: So kann das nicht weitergehen. Und er fragte dann meinen Großvater, den Hubertus, ob er sich als Italiener ausgeben könnte und Pizzabäcker werden möchte. Der Bürgermeister versprach meinem Großvater sogar, ihn dafür zum Ehrenbürger der Stadt zu ernennen.

Hubertus ließ sich die Haare schwarz färben, kaufte sich eine italienische Flagge und nannte sich fortan Pietro. Er pachtete die Wirtschaft in der Obergasse, die bislang „Zum guten Tropfen" geheißen hatte, und machte daraus die Pizzeria „Va bene". Alles lief wie am Schnürchen: „Hey Pietro, va bene?", riefen die Leute, wenn sie in die Pizzeria kamen. Und die meisten bestellten dann eine Pizza „Ponte ferroviario". Das war Pietros Spezialität, denn er war zuvor Lokführer bei der Bundesbahn gewesen. In der Pizzeria stand damals eine Original-Wurlitzer-Musikbox, die Großvater nach und nach mit besonderen Schallplatten bestückt hatte: Es waren deutsche Schlager, in denen es um Italien ging. Sachen wie „Azzurro", die „Capri-Fischer" oder „Zwei kleine Ita-

liener" von Conny Froboess. Das war ein Lied, das ich als Kind besonders gern hörte.

Als mein Großvater alt wurde, übernahm mein Vater das „Va bene". Er hieß eigentlich Hermann, aber für alle hier ist mein Vater nur Giuseppe. Auch ihn lieben die Leute heiß und innig. Ich aber wollte kein Pizzabäcker sein. Deshalb wurde ich Gelatiere – denn irgendeinen Beruf, der den Deutschen typisch italienisch erschien, musste auch ich haben. Ansonsten wäre ja alles aufgeflogen. Das Leben meiner Familie war wie ein Film. Alles Schauspiel. Nur Grande Opera. Die Wahrheit ist, ich war noch nie in Napoli. Und eigentlich heiße ich auch gar nicht Luigi, sondern Paul. Und weißt du, was ich mir wünsche? Ich würde so gerne, nur einen einzigen Tag, mal Paul sein. Ich selbst. Und nicht Luigi.

Als Luigi, oder Paul, geendet hatte, sah ihn Frau Roggenbeck lange an. Sie beugte sich etwas vor. Und auch Paul, oder Luigi, beugte sich etwas vor. Barbara Roggenbeck strich sich eine Haarsträhne aus dem Gesicht und hauchte: „Ach Paul, küss mich." Ihr schien es, als würden sie beide gleich auf einer „Piaggio Ape" davon rollen. Richtung Süden. Paul rutschte mit seinem Stuhl noch ein Stück näher und nahm Barbara in den Arm. In dem Moment klopfte es energisch ans Fenster. Paul sah hoch und erkannte Isabell, die draußen winkte. „Hallo Isabell", sagte er, als er die 19-Jährige in den Laden ließ. „Ich komme gerade vom Weihnachtsessen bei meinen Eltern, es gab Rieslingschinken in Brotteig – der war so übel mit Mehl bestäubt, dass mir immer noch schlecht ist", sagte Isabell und fuhr fort: „Weißt du Luigi, ich brauche jetzt dringend ein Eis, am besten ein Zirkuseis." Frau Roggenbeck sagte: „Er heißt eigentlich Paul." Isabell schien nicht überrascht zu sein.

Paul nahm drei Waffeltüten aus dem Ständer, füllte jede mit einer Kugel Weihnachtseis, balancierte noch einen Hocker für Isabell aus dem hinteren Teil des Ladens nach vorne und sagte dann: „Amici veri sono come meloni, di cento ne trovi due buoni – Wahre

Freunde sind wie Melonen, unter hundert findet man nur zwei Gute.“ Nach einer kurzen Pause fügte er hinzu: „Und ganz ehrlich, diese zwei Guten, die seid ihr.“

Die Waffeltüten begannen golden zu schimmern. Als Isabell das bemerkte, murmelte sie: „Gut gemacht. Du kleiner Golden Nugget“.

Eine Weile schwiegen die drei. „Frohe Weihnachten“, sagte Barbara Roggenbeck dann und gab Paul einen Kuss. Bevor Paul bei der ersten Berührung ihrer Lippen die Augen schloss, sah er gerade noch, wie die winzige Kerze, die der Pinguin an Frau Roggenbecks Ohrring in der Flügelspitze hielt, zu leuchten begann.

Roggi 4

19. August

Hector schwitzte. Selbst hier unten im Keller waren es bestimmt noch über 25 Grad. Seit Tagen lag diese Hitze auf ihrer Stadt. Der Bach, der an der Seestraße sonst flott zwischen den Häusern floss, gluckste nur lahm und schmal dahin. Die Vögel hatten aufgehört zu singen. Unerträglich heiß war es. Selbst jetzt am Abend.

Hector wischte sich den Schweiß von den Augenlidern. Oben standen noch drei dieser schweren Kisten, die in den Keller sollten. Voll mit Christbaumständern. 225 Stück hatte er bestellt. Jetzt, im August, gab es bei den Lieferanten die besten Preise. Man musste antizyklisch kaufen. Da kannte er sich aus. Das war wie mit dem Heizöl früher – am billigsten hatte man es im Sommer bekommen. „Du bist verrückt, Chef", hatte seine Auszubildende gesagt, als er von der Bestellung erzählt hatte. „225 Christbaumständer, die verkaufen wir doch nie dieses Weihnachten", meinte Isabell.

Die 20-Jährige hatte eigentlich in der Bäckerei ihrer Eltern arbeiten sollen. Aber Isabell hatte eine Mehlallergie. So war sie als Lehrling schließlich zu ihm gekommen – zu Hector. Sein Großvater hatte das Geschäft bereits 1929 gegründet, auch er hieß Hector. Anfangs war es eine reine Eisenhandlung gewesen – Werkzeuge, Schrauben, Haken, Beschläge. Später auch Tresore, Mausefallen, Besen und Schneeschieber. Als er, also Hector der Jüngere, dann den Laden in dritter Generation übernommen hatte, erweiterte er das Sortiment um Tiere: vor allem Fische, auch Vögel, Mäuse, Hasen und einige Reptilien. Und er ergänzte das Firmenschild: „Hectors Eisen- und Tierwaren – aus Tradition gut" stand dort jetzt.

Sein Großvater sei ein Filou gewesen, hieß es früher immer. „Ja, das war er", bestätigte seine Mutter dann. Sie musste es wissen, denn schließlich war sie ja die Tochter dieses angeblichen Filous. Als Kind hatte er allerdings keine Vorstellung davon gehabt, was ein Filou eigentlich macht. Und wie man einer wird. Aber er hatte damals staunend zugehört, wenn davon erzählt wurde, wie sein Großvater als junger Mann zur See gefahren war. Bis nach Amerika, bis nach New York. „Der hat die Welt gesehen“, hatte Mutter immer gesagt. Später dann, als in Manhattan das Empire State Building gebaut wurde, hatte Großvaters Eisenwarenhandlung die Geländer für die Aussichtsplattform des Wolkenkratzers geliefert. Diese Geschichte erschien Hector, damals wie heute, völlig unglaubwürdig. Wieso sollten die Amerikaner für ein Hochhaus bestimmte Bauteile in Deutschland einkaufen – und dazu in einem völlig unbedeutenden Tante-Emma-Laden, der gerade erst eröffnet worden war? Doch seine Mutter wusste solche Fragen immer schnell abzuwiegeln: „Er hatte seine Beziehungen, er hatte seine Beziehungen“, sagte sie nur. Oft fügte sie noch hinzu: „Und er war ein Filou.“

Auf jeden Fall hing in „Hectors Eisen- und Tierwaren“ ein großes Foto des Empire State Buildings an der Wand. Es war eine alte Schwarz-Weiß-Aufnahme, die in einem goldenen Rahmen steckte. Sie zeigte auch die Aussichtsplattform; dort sah man, wenn man sehr genau hinschaute, Menschen stehen, die winkten. Doch auf dem Foto waren sie so klitzeklein, dass man keine Gesichter erkennen konnte. Seine Mutter hatte allerdings immer auf den schwarzen Klecks am Rande der Plattform gedeutet und behauptet: „Da steht dein Großvater.“

Wie jeden Montag hatte der Laden heute geschlossen und Isabell deshalb frei. Ausgerechnet an einem Ruhetag hatte die Spedition die Kisten gebracht, Hector musste sich deshalb alleine um die Lieferung kümmern. Es waren besonders große und schwere Christbaumständer. Denn Hector glaubte, einen Trend ausgemacht zu haben: „Die Leute haben die kleinen Weihnachtsbäumchen satt, die wollen jetzt prächtige Fichten und Tannen, in die sie viel reinhängen können“, hatte er zu Isabell gesagt. „Und dafür braucht man eben einen Christbaumständer, der ordentlich was halten kann“, hatte Hector hinzugefügt, als er den zweifelnden Blick von Isabell sah.

Durch das Fallrohr an der Wand rauschte plötzlich Wasser. Hector blickte hoch zur Kellerdecke und murmelte: „Schwarz." Die Häuser links und rechts der Seestraße waren alle dreistöckig. Über der Eisen- und Tierwarenhandlung gab es noch zwei Wohnungen, Hector hatte eine an Ferdinand Schwarz vermietet. Die andere nutzte er selbst. Schwarz war früher einmal Lehrer am Gymnasium der Stadt gewesen. Warum er aufgehört hatte, was er seither machte und womit er jetzt sein Geld verdiente, wusste Hector nicht. Es war ihm auch egal, Hauptsache Schwarz zahlte pünktlich die Miete. Und das tat er.

Hector wischte sich noch einmal den Schweiß weg, der ihm wieder in die Augen gesickert war. Dann ging er die Kellertreppe hoch. Oben vor dem Haus warteten noch drei Kisten auf ihn.

In der Zwischen-Zeit

Sie streckt die Beinchen durch und macht sich klein. Sehr klein. Die Hitze bekommt ihr nicht, sie beginnt auszutrocknen. Sie schiebt sich weiter in den Schatten vor. Gut, gut, dass heute Morgen diese großen Pakete abgestellt wurden, denkt sie. Ansonsten gäbe es hier überhaupt keinen Schatten. Sie versucht, sich Luft zuzufächeln und überlegt, wie sie an diesen Ort gelangt ist. Sie weiß es nicht mehr. Sie sieht, wie dieser Mann wieder aus dem Haus kommt, eine der Kisten auf die Schulter nimmt und damit verschwindet. Der Schatten ist erneut ein Stück kleiner geworden.

20. August

„Krappmann & Krappmann“ war ein kleiner Buchverlag. Sein Geld verdiente er vor allem mit Schulbüchern. Ein halbes Dutzend pensionierter Lehrer lieferte dafür an „Krappmann & Krappmann“ Texte und Übungsaufgaben. Daneben leistete sich der Verlag aber noch zwei besondere Reihen. Uwe Krappmann analysierte und beschrieb Schachpartien, fünf Sammelbände waren so bereits entstanden. Das Herz seiner Schwester Rita hing dagegen an Kinder- und Bilderbüchern.

„Schwarz muss endlich sein Manuskript abgeben, sonst kommen wir damit nicht mehr rechtzeitig zum Weihnachtsgeschäft auf den Markt“, sagte Rita und fuhr sich mit den Fingern durch ihr kurz geschnittenes, schwarzes Haar. Die drei Goldreife, die sie am rechten Arm trug, klackerten dabei gegeneinander. Ihr Bruder seufzte. „Ja gut, ich ruf Ferdinand gleich nochmal an“, sagte er.

Ferdinand Schwarz und er waren bis zum Abitur in derselben Klasse gewesen. Ferdinand konnte schon als Schüler unglaublich gut zeichnen, ständig war er am Stricheln und Skizzieren. Für die Schülerzeitung malte und textete er einen eigenen Comic-Strip: „Rektor Bumbs“ hieß der. Wie diese freche Geschichte über das ausschweifende Leben eines Lateinlehrers damals unbehelligt durch die schulinterne Zensur kommen konnte, war Uwe Krappmann bis heute ein Rätsel geblieben.

Ferdinand hatte nach dem Abitur Bildende Kunst studiert und war Lehrer geworden. Glücklich wurde er damit nicht. „Ich kann Kinder nicht ausstehen“, gab Schwarz zu. Mit den Jahren wurde es immer schlimmer. Aus Abneigung wurde Widerwillen, fast schon Hass. Die Schüler machten in seinem Unterricht, was sie wollten. Und Ferdinand Schwarz fehlten Talent und Muße, die Kinder fürs Zeichnen, die Malerei und die schönen Künste zu begeistern. Zwei dieser Lausbuben, die ihm das Lehrerdasein besonders vergällten, waren Bodo und Valentin gewesen.

Die beiden hatten nur ihren Fußball im Kopf. Unbekümmert trippelten und passten sie den Zeichensaal hoch und runter, während Schwarz vorne versuchte zu erklären, wie man mit Fluchtpunkten und Fluchtlinien perspektivisch zeichnen kann. Als Bodo ihm dann eines Tages den Ball ins Gesicht schoss und seine Brille zersplitterte, war für Schwarz endgültig Schluss. Er verließ wortlos zuerst das Klassenzimmer, dann die Schule – und kehrte nie wieder dorthin zurück.

Schwarz war seinerzeit mit einer Kollegin liiert, der Geschichtslehrerin Barbara Roggenbeck. Als Schwarz ihr sagte, dass er nicht mehr unterrichten werde und gekündigt habe, hatte sie zunächst geschwiegen. Schließlich meinte sie: „Wie kannst du nur die Kinder so im Stich lassen." Barbara Roggenbeck hatte sich den kurzen, rot-weiß karierten Rock, den sie damals so gerne trug, glattgezogen, war aufgestanden und gegangen. Für immer, wie Schwarz erst nach einigen Tagen begriff. Wahrscheinlich hatten sie ohnehin nicht zusammengepasst, besonders eng war ihre Beziehung nie gewesen.

Das war jetzt drei Jahre her. Ferdinand Schwarz hatte dann begonnen, einen Roman zu schreiben. Irgendwann hatte er seinen alten Schulfreund Krappmann angerufen und ihm davon erzählt. „Die unendliche Treppe" sollte das Buch heißen. „Du kennst doch diese phantastischen Bilder von Maurits Cornelis Escher mit den auf- und absteigenden Treppen, die irgendwie zu Endlosschleifen verbunden scheinen", sagte Schwarz zu Uwe Krappmann. Genauso wie Eschers Darstellungen perspektivischer Unmöglichkeiten wolle er die Erzählstränge vorantreiben und verknüpfen. Schwarz redete weiter über die Literarisierung von optischen Täuschungen. Krappmann ahnte da bereits, dass gleich diese Frage kommen würde. Sie kam dann auch prompt. „Sag mal, Uwe, willst du nicht meinen Roman verlegen, 150 Seiten sind es bereits?", sagte Schwarz. Womit Krappmann nicht gerechnet hatte, war die Bitte um einen Vorschuss, die sein Schulfreund zugleich vortrug.

„Der spinnt doch, du hast hoffentlich nicht Ja gesagt“, meinte seine Schwester, als ihr Uwe Krappmann später von Schwarz, dessen Roman und der Sache mit dem Vorschuss erzählte. Rita schaute vorwurfsvoll. „Ich hab ihm gesagt, dass ich erst mit dir reden muss“, antwortete ihr Bruder.

Es war Rita, die schließlich die Idee hatte: „Warum lassen wir Ferdinand nicht ein Kinderbuch machen?“ Uwe sah erstaunt auf. „Du sagst doch immer, dass er so toll zeichnet, und schreiben kann er ja offenbar auch – zumindest glaubt er das“, fuhr seine Schwester fort. Uwe schaute zweifelnd und meinte dann: „Ein Kinderbuchautor, der Kinder hasst, hältst du das wirklich für eine gute Idee?“ „Also ich finde, Schwarz sollte sich seinen Vorschuss verdienen – aber für etwas Gescheites und nicht für so einen durchgeknallten Treppenroman“, antwortete Rita.

Und so kam es. Ein Kinderbuch von Ferdinand Schwarz hatte „Krappmann & Krappmann“ inzwischen auf den Markt gebracht. Schwarz hatte auf einem Pseudonym bestanden: „Dass ich so einen Kinderkram mache, muss ja niemand wissen“, meinte er. Der Name, den er wählte, war allerdings leicht zu entschlüsseln: Fernand Noir.

Mit dem Manuskript für sein zweites Kinderbuch war Schwarz – oder besser: Fernand Noir – nun seit Wochen in Verzug. Deshalb wuchs im Verlag die Ungeduld. Uwe Krappmann seufzte noch einmal und wählte dann die Nummer seines Schulfreundes. Doch der ging nicht ans Telefon. Wie gestern. Und vorgestern. Krappmann legte den Hörer auf, Rita schaute ihn fragend an. An der Decke drehten die Flügel des großen Ventilators hilflos gegen die Hitze an. Tschelepp, tschelepp, tschelepp ...

In der Zwischen-Zeit

Sie spürt, wie sich ihr Körper zusammenzieht. Der Schatten ist weg; der Mann hatte gestern Abend die letzte der Kisten hochgehoben und ins Haus getragen. Die Sonne ist jetzt wieder überall. In jeder Pore, auf jedem Stein. Alles fällt ihr schwer: das Atmen, das Schlucken, das Nachdenken. Sie hebt den Kopf und sieht hinüber zu dem Haus. Die Tür steht noch offen. Es riecht nach Mäusedreck. „Ich muss das schaffen", sagt sie. „Ich muss." Sie streckt die Beinchen durch und bewegt sich langsam vorwärts. „Wie eine Schnecke", denkt sie. Und dabei muss sie fast etwas lachen.

21. August

Ferdinand Schwarz hatte die Jalousie heruntergelassen, durch die Schlitze sickerte dennoch immer noch genügend Sonnenlicht ins Arbeitszimmer. Auf dem Schreibtisch lagen die Roten Listen – diese offiziellen Verzeichnisse der hierzulande bedrohten Arten, die vom Landesamt für Umwelt herausgegeben wurden. Es gab solche Aufstellungen für Krebse, Libellen, Laufkäfer, Großschmetterlinge, Kriechtiere sowie natürlich für Fische, Brutvögel und Säugetiere. Gerade blätterte Schwarz in der Roten Liste der ausgestorbenen, verschollenen und gefährdeten Bockkäfer. Die Namen der Käfer hatten etwas Phantastisches, fast Unheimliches: der Schulterfleckige Widderbock, der Beulenkopfbock, der Wimperhornbock. Schwarz strichelte und kritzelte unentwegt Entwürfe an den Rand dieser Listen.

Als er wegen des Vorschusses zugesagt hatte, Kinderbücher für „Krappmann & Krappmann" zu schreiben und zu zeichnen, hatte die Schwester seines Schulfreundes Uwe gesagt: „Am besten, du machst etwas mit Tieren, das verkauft sich immer – aber nimm ein Tier, über das es noch kein Kinderbuch gibt." Schwarz hatte Rita fragend angeschaut. „Also nix mit Hasen, Pferden, Hunden, Katzen und so", meinte Rita und fuhr sich mit den Fingern durch ihr kurz geschnittenes, schwarzes

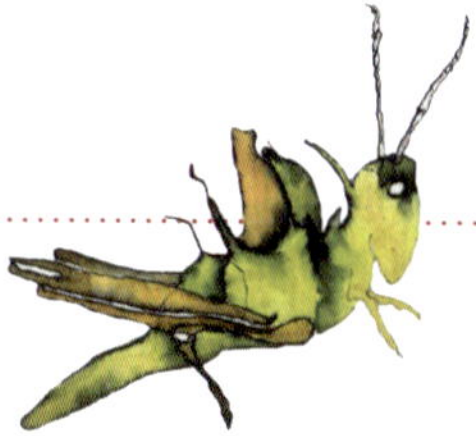

Haar. „Ah so", sagte Schwarz und fügte hinzu: „Kein Problem."

Rasch merkte er jedoch: Es war ein Problem. Ein ziemlich großes sogar. Denn er stellte fest, dass selbst weniger possierliche oder gar völlig unappetitliche Tiere es mittlerweile geschafft hatten, zu Helden von Kinderbüchern zu werden: beispielsweise Regenwürmer (Buchtitel: „Rudi, der Regenwurm") oder Blutegel („Begel, der Egel") oder Spinnen („Die kleine Spinne Widerlich"). Die Erkenntnis war deprimierend: Es gab so gut wie kein kinderbuchloses Tier mehr.

Ausnahmen waren rar, und meist waren es dann wirklich fiese Randfiguren der Schöpfung: Sein Erstling bei „Krappmann & Krappmann" hieß deshalb notgedrungen „Zack, die Zecke". Diesen Zack hatte Schwarz sich anfangs als eine Mischung aus einer Turtles-Actionfigur und einem Power Ranger gedacht. Doch in den ersten Entwürfen, die er dazu zeichnete, sah Zack eher wie ein dickes Michelinmännchen aus. Dann aber hatte Schwarz die Idee, Zack mit einer Zorro-Maske auszustatten. Mit einer schwarzen natürlich.

Zack, der Rächer. Zack, der Musketier. Seinen Stechrüssel konnte Zack ausfahren wie einen Degen, aus dem er bei Bedarf noch ein Dutzend Wurfmesser herausschleuderte. Sein Zuhause war das Fell von Benny, dem gutmütigen Hofhund. An ihm durfte Zack täglich ein bisschen Blut saugen, dafür verteidigte er Benny gegen Werwölfe und böse Kinder, die nach ihm treten wollten. Da wurde Zack dann immer voll und ganz zu Zorro, fuhr Degen und Wurfmesser aus. „Verzisch dich, du Knirps!", ließ Schwarz seinen Zack stets rufen, wenn er Angreifer in die Schranken wies. Und Benny, der Gutmütige, bellte dann meist noch dazu: „bow, bow, bow." Es war eindeutig ein Kinderbuch, das laut vorgelesen werden musste. Vor allem, wenn es hieß: „Verzisch dich, du Knirps!"

Rita Krappmanns Miene war freilich zunächst unzufrieden gewesen, als er damals das Manuskript

für „Zack, die Zecke“ abgeliefert und sie es durchgeschaut hatte. „Also doch wieder nur ein weiteres Hundebuch“, sagte sie etwas spöttisch und wedelte mit der Hand, als wolle sie Schwarz wie einen lästigen Diener davonscheuchen. Die drei Goldreife, die Rita am Arm trug, klackerten gegeneinander und blitzten. Schwarz hob nur die Schultern, schüttelte den Kopf, ging wortlos. Aber offenbar verkaufte sich „Zack, die Zecke“ ziemlich gut. Rita sprach zwar anfangs immer nur von „ganz ordentlich“. Doch als Schwarz dann eines Tages durch die Fußgängerzone ging, hörte er plötzlich, wie jemand hinter ihm rief: „Verzisch dich, du Knirps!“ Er dreht sich um und sah eine Schar tobender Kinder. Der Kleinste in der Gruppe fuchtelte mit dem Arm herum, der wohl sein Degen sein sollte: „Verzisch dich, du Knirps!“, knurrte der Kleine noch einmal. Und die anderen schrien und bellten: „bow, bow, bow.“

Schwarz war weiter gelaufen. Mit einem Grinsen auf dem Gesicht. Er wusste jetzt: „Zack, die Zecke“ war ein Volltreffer. Auch Rita Krappmann wusste es natürlich. Sie drängte Schwarz seit Monaten, eine Fortsetzung zu zeichnen und zu texten. Doch Schwarz hatte noch nie Serien gemocht, nicht im Fernsehen und nicht im wirklichen Leben. „Gute Kinderbücher sind einzigartig, die haben keine Fortsetzungen“, hatte er zu Rita gesagt. „Dann liefere was anderes, Hauptsache, es ist bis zum Weihnachtsgeschäft fertig und in den Buchhandlungen“, meinte sie.

„Ja, was anderes“, murmelte Schwarz, als er jetzt in der Hitze dieses völlig überdrehten Sommers am Schreibtisch saß. „Was anderes, was anderes.“ Er fluchte. „Bruno, der Mistkäfer“, „Pepo, die Schmeißfliege“, „Horni, die Hornisse“ – alles Titel, die es schon gab. Ausgerechnet in der Form von Kinderbüchern schien die Schöpfungsgeschichte völlig auserzählt zu sein.

Das Telefon klingelte, er ging nicht dran. Stattdessen griff Schwarz zur nächsten Roten Liste: „Die Gesamtarten-Liste der Gradflügler", las er. Und in Klammern stand erklärend daneben: „Heuschrecken, Fangschrecken, Ohrwürmer und Schaben." Da sollte doch etwas dabei sein, ein paar kinderbuchlose Tiere müssten sich doch noch aufspüren lassen, dachte Schwarz und begann in der Liste der Gradflügler zu blättern.

Was er dort fand, überraschte ihn, denn in der Welt der Heuschrecken geht es offensichtlich recht martialisch zu. Da gab es die Langflüglige Schwertschrecke, die Zweifarbige Beißschrecke und die Säbeldornschrecke. Lauter Insekten wie aus einem Mantel- und Degenfilm. Schwarz musste lachen, Rita Krappmann wäre von einem Titel wie „Billy, die Beißschrecke" bestimmt ganz angetan gewesen. Doch er mochte nicht noch ein Hau-Drauf-Kinderbuch wie „Zack, die Zecke" machen. Schwarz blätterte weiter in der Liste. Auf Seite 26 entdeckte er dann eine Heuschrecke, die – wie ihm schien – vielleicht das Zeug haben könnte, ein glänzender Kinderbuch-Liebling zu werden: anmutig und frech, klein, aber oho, und dazu ganz offensichtlich einfach goldig. Die Goldschrecke hieß sie. Schwarz begann zu zeichnen und zu stricheln, er tauchte in alte Erinnerungen ein. Die Heuschrecke bekam ein Gesicht. Schwarz lachte erneut. Er schaute noch einmal kurz auf den Eintrag in der Roten Liste. Hinter dem Namen stand in Klammern „ex" – offenbar die Abkürzung für „ausgestorben". Oder für Ex-Freundin, dachte Schwarz. Er stützte den Kopf auf und sah durch die Schlitze der Jalousie hinaus. Weit hinaus.

In der Zwischen-Zeit

Sie rutscht die Kellertreppe hinab. Dorthin, wo es wohlig nach Mäusedreck riecht. Dass sie in dieser Stadt die letzte ihrer Art ist, weiß sie nicht. Eine Kleine Goldschrecke aus der Sippe der Gradflügler. Sie weiß immer noch nicht, wie sie hierher gekommen ist. Der Schatten tut ihr gut. Sie lauscht, ob sich dort unten etwas regt. Nichts. Sie lässt ein „Srrrrrr" hören. Und noch ein: „Srrrrr." Immer noch nichts. Sie rutscht die restlichen Stufen hinab. Die letzte Kleine Goldschrecke? Zumindest hierzulande. Als sie unten angekommen ist, sieht sie die großen Kisten. Eine steht offen, sie schlüpft hinein. Und schiebt sich zwischen die Metallteile, die gut verpackt und in Stroh eingebettet in der Kiste liegen. Genug Stroh zum Knabbern. Wenn sie nur nicht so alleine wäre.

Viele Wochen später, der 24. Dezember

Gegen 9 Uhr

Als Isabell zu „Hectors Eisen- und Tierwaren" kam, sah sie gleich, dass der Laden noch zu war. Sogar die Nachtbeleuchtung flackerte unaufhörlich. „Komisch", dachte sie. Denn ihr Chef war sonst immer als Erster da, schob die Körbe mit den Sonderangeboten auf den Bürgersteig und kochte dann erst einmal Kaffee. Isabell schloss auf, warf ihren Wintermantel hinten im Büro über einen Stuhl. Erst danach bemerkte sie den Zettel, der auf der Ladentheke lag. „Habe dringend etwas zu erledigen, Du musst heute alleine zurechtkommen, Hector", stand da. Isabell zuckte mit den Achseln. Hectors Laune war in den vergangenen Tagen immer schlechter geworden. Vermutlich deshalb, weil er sich mit den Christbaumständern völlig verkalkuliert hatte. Isabell knüllte den Zettel zusammen und warf ihn in den Papierkorb. Als Erstes würde sie wohl am besten gleich die Fische füttern, später könnte ihr dazu vielleicht die Zeit fehlen, dachte sie. Die Tierabteilung im hinteren Teil des Geschäfts war ohnehin der Aufgabenbereich, den Hector seiner Auszubildenden überlassen hatte. Auf dem Weg dorthin hatte Isabell das Gefühl, dass irgendetwas fehlte.

Die Ladentür klingelte. Isabell drehte sich um. Ein Mann mit Kugelbauch und Pepitahut stand vor ihr. „Ich brauche einen Christbaumständer, habt ihr noch welche“, fragte er. „Mehr als genug“, sagte Isabell lachend. „Wenn Sie wollen, können sie 200 Stück mitnehmen, es gibt auch Rabatt.“ Der Mann nahm den Hut ab. „Ich war zwar mal Kugelstoßtrainer und hab immer noch ordentlich Muckis in den Oberarmen, aber ein Christbaumständer reicht mir heute“, meinte er. Und fügte hinzu: „Außerdem ist mein Wohnzimmer zu klein für einen ganzen Weihnachtswald.“

Isabell ging schnell nach hinten ins Lager, wo die Kisten mit den Christbaumständern gestapelt waren, die ihr Chef zu Beginn der Adventszeit aus dem Keller hochgeschleppt hatte. Nichts. Alle waren weg. Isabell war verwirrt. Hatte Hector sie fortgeschafft? Etwa aus Verbitterung darüber, dass er den Christbaumständermarkt so falsch eingeschätzt hatte? „Habe dringend etwas zu erledigen“, hatte auf dem Zettel gestanden. Isabell fragte sich, ob das vielleicht etwas mit den verschwundenen Kisten zu tun haben könnte.

Zurück im Laden, erklärte sie dem Mann etwas kleinlaut, dass Christbaumständer gerade ausverkauft seien. „Leider“, fügte sie noch hinzu. Der Kunde knurrte etwas, das wie „schöne Bescherung“ klang, und verschwand.

Als der Mann gegangen war, sah sich Isabell unschlüssig im Laden um. Plötzlich wusste sie, was fehlte. Es war nicht nur der Stapel der Christbaumständer-Kisten. Sondern auch das große Foto mit dem Empire State Building. Jemand hatte es aus dem goldenen Rahmen genommen, der jetzt leer an der Wand hing.

Gegen 12.30 Uhr

Barbara Roggenbeck hatte es eilig, sie musste noch das Geschenk für Paul abholen. Paul und sie waren seit einem Jahr ein Paar. Ein glückliches Paar. Die vergangenen Tage in der Schule waren stressig gewesen. Korrekturen, Besprechungen und dann noch die Proben für den Jahresabschlussabend in der Aula. Doch Frau Roggenbeck war keine Lehrerin, die sich ständig über die Schüler und die viele Arbeit beklagte. Ganz im Gegenteil. Sie liebte ihren Job. Und die Kinder. Ihr Fach, Geschichte, sowieso. Sie konnte streng sein, aber sie war gerecht. Sie versuchte es zumindest.

Barbara Roggenbeck lief am „Lesebär", der Buchhandlung, vorbei; schaute im Vorübergehen kurz ins Schaufenster. Und blieb stehen. In der Auslage lag ein Strohballen, auf dem rund ein Dutzend Exemplare eines Buches aufgestellt waren. Offenbar ein Kinderbuch. „Roggi, die Goldschrecke", hieß es. Frau Roggenbeck schaute verblüfft. Auf dem strohgelben Titel war eine flott gezeichnete Heuschrecke mit durchaus menschlichen Zügen zu sehen. Offensichtlich weiblich. Denn „Roggi, die Goldschrecke" hatte einen Pferdeschwanz und eine Stupsnase, sie trug ein kurzes, rot-weiß kariertes Röckchen. „Genau wie ich früher", sagte Roggenbeck halblaut zu sich selbst. Die Stupsnase hatte sie natürlich noch immer. Sie wusste, dass es Schüler gab, von denen sie hintenherum „der Roggenschreck" genannt wurde. Aber an eine Heuschrecke hatte sie bei diesem Spitznamen noch nie gedacht. „Roggi", das klang dennoch irgendwie nett, dachte sie.

Die Lehrerin las den Namen des Autors: Fernand Noir. Dann fiel der Groschen. „Das gibt es doch nicht, der Ferdinand Schwarz", murmelte Frau Roggenbeck. Ihr Ex-Freund. Sie hatte seine Spinnereien gemocht, seinen Witz. Nicht jedoch diesen eigenbrötlerischen und kinderfeindlichen Zug, der bei Ferdinand immer mehr die Oberhand gewonnen hatte. Und ausgerechnet er hatte jetzt ein Kinderbuch geschrieben. Kaum zu glauben. Seit ihrer

Trennung hatte sie nichts mehr von Schwarz gehört. Aber sie hatte immer noch irgendwo seine Handynummer.

Barbara Roggenbeck ging in den Laden und fragte nach dem Buch. Die Verkäuferin strahlte sie an: „Gell, diese Roggi ist ne Wucht: So eine freche Heuschrecken-Lehrerin, die selbst als die Schule schwänzt – die muss man einfach gern haben." Barbara Roggenbeck nahm das Buch und blätterte darin. „Meine Stupsnase, mein rot-weiß karierter Rock und jetzt auch noch Lehrerin", murmelte sie. Doch die leichte Empörung darüber, dass sie ungebeten und heimlich in ein Kinderbuch geraten war, verflog schnell. „Ja, diese Roggi ist eine Wucht", sagte sie zu der Verkäuferin und ging lachend aus der Buchhandlung.

In der Zwischen-Zeit

„Srrrrrrrr", „srrrrrrrr", sie ist aufgeregt. Alles ist in Bewegung. „Srrrrrr." Wo geht es hin? Sie weiß es nicht. Der Mann hatte die Kisten erst aus dem Laden getragen und dann weggebracht. Auch ihre Kiste mit dem schönen Stroh und diesem blöden Metallding dazwischen. „Srrrrrr." Jetzt hält das Auto an, jetzt lädt der Mann die Kisten ab, jetzt packt er sie aus. „Srrrrrrrr." Sie hält sich an dem Metallding fest. Sie spürt den Winterwind. „Ich bin ich", surrt sie. „Ich lass mich nicht abschütteln."

Gegen 23.35 Uhr

Bodo und Valentin trippelten kickend durch die Fußgängerzone. So wie sie das früher immer gemacht hatten. Jetzt waren sie eigentlich aus dem Alter heraus. Nur an Heiligabend trafen sich die beiden Jugendlichen nach der großen alljährlichen Familienoper mit Bescherung, Abendessen und dem Weihnachtsliedersingen stets noch einmal in der Stadt. „Zum Durchschnaufen und Auslüften", wie Bodo sagte. Sie passten den Ball hin und her und erzählten sich, was sie geschenkt bekommen hatten.

An der Kronen-Apotheke bogen sie ab zum Marktplatz und blieben abrupt stehen. „Wa-wa-was is-issen das?“, fragte Valentin, der immer noch etwas stotterte, wenn er aufgeregt war. „Keine Ahnung“, sagte Bodo, „so was hab ich noch nie gesehen“.

Auf dem Platz ragte ein etwa acht Meter hoher Turm in die Höhe. Als die beiden direkt davor standen, sagte Bodo: „Das sind ja lauter Christbaumständer.“ Valentin japste: „Ja, un-un-un zwazar hu-hu-hunderte.“ Jemand hatte die Christbaumständer sehr sorgfältig und kunstvoll aufeinandergestapelt, sie wirkten wie die Stockwerke eines Hochhauses. Oben wurde der Turm schmaler und endete schließlich in einer Spitze – die aussah wie ein Besenstil.

„Ist das Kunst?“, fragte Bodo. Aus einer Seitenstraße kam ein Paar auf den Marktplatz. „Jungs, was habt ihr denn da konstruiert? Sind die Modellbaukästen, die man zu Weihnachten geschenkt bekommt, denn heute so riesig?“, wollte der Mann wissen. Die Frau musterte erst die beiden Jugendlichen, dann den Christbaumständerturm. Dann sagte sie: „Sieht ein bisschen aus wie das Empire State Building, findest Du nicht auch, Uwe?“ Der Mann hakte sich bei ihr unter und zog sie weiter: „Ideen hast du, komm jetzt, Rita, wir wollen doch nach Hause.“ Die Frau blickte noch einmal hoch zur Spitze dieses seltsamen Turms und fuhr sich dann mehrfach mit den Fingern durch ihr kurz geschnittenes, schwarzes Haar. Die Goldreife an ihrer Hand klackerten dabei ununterbrochen. Und blitzten und funkelten im Licht der Weihnachtsbeleuchtung.

In der Zwischen-Zeit

Sie blickt auf die Stadt hinab. All die Lichter. Hier oben ist es viel schöner als im Keller, denkt sie. Es ist auch gar nicht unerträglich heiß. Im Gegenteil. Sie sieht hinunter auf den Platz, wo zwei Jungs mit einem Mann und einer Frau zusammenstehen. Da blitzt plötzlich etwas Goldenes auf. Und noch einmal. „Ich bin ja doch nicht allein“, zischelt sie und lässt ein langes, freudiges „Srrrrrr“ hö-

ren. „Srrrrrrr". Sie streckt die Beinchen durch. Sie fühlt sich gut. Dann hüpft sie diese komischen Metallteile hinunter. Steg für Steg, Sprosse für Sprosse.

25. Dezember

Gegen 0.30 Uhr

Ferdinand Schwarz spülte die letzten Teller und Gläser ab. Uwe und Rita Krappmann hatten gleich zugesagt, als er gefragt hatte, ob sie an Heiligabend nicht zu ihm kommen wollten. Für einen ganz gemütlichen Abend. Nach dem Essen hatten sie mehrere Runden Skat gespielt. Mit einem besonderen Weihnachtskartenblatt, das er noch schnell gezeichnet hatte: Tannenbaum statt Kreuz, Lebkuchen statt Herz, Strohstern statt Karo – und statt Pik eine kleine Goldschrecke. Mit Stupsnase natürlich.

Vor etwa einer Stunde waren die beiden gegangen. Er wischte gerade den Rest Wasser von der Spüle, als sein Handy fiepte. Schwarz blickte auf die neue Nachricht: „Du hättest mich schon vorher fragen können. Aber trotz alledem, Frohe Weihnachten, die Roggi – Du weißt schon, welche ..."

Die Engelsflügel-Büglerin 5

So ein Buchstabensalat

Sie hatte zwei rote Pausbacken. Und auf jeder Seite sechs Lachfalten. Sie hieß Maria. Von Beruf war Maria Engelsflügel-Büglerin. Das ist eine anspruchsvolle Arbeit, die höchste Sorgfalt erfordert. Denn Engelsflügel gehören zu dem Kostbarsten, was es in der Welt gibt. Maria war die einzige Engelsflügel-Büglerin weit und breit. Aber wenn wir ehrlich sind: Es war ein eher geruhsames Leben.

Denn so viel hat eine Engelsflügel-Büglerin die meiste Zeit im Jahr nicht zu tun. Ab und an kam zu Maria einer der Schutzengel ins Geschäft. Wenn die in letzter Sekunde jemanden retten, dann kann es in der Hektik schon einmal passieren, dass ihre Flügel zerknittert werden. Die bügelte Maria dann mit einem Spezial-Engelsflügel-Bügeleisen wieder glatt. Schwuppdiwupp. Und dann lachte Maria, dass es den Lachfalten eine Freude war.

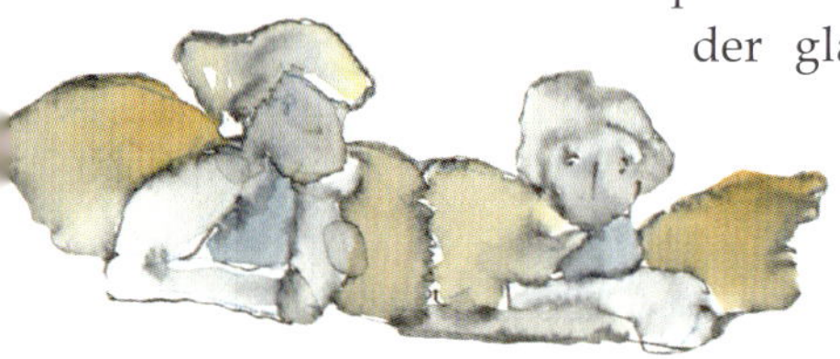

„Da habe ich einfach unverschämtes Glück gehabt", sagte Maria stets, wenn sie gefragt wurde, wie sie überhaupt den begehrten Job einer Engelsflügel-Büglerin ergattert hatte. Denn gelernt hatte Maria etwas völlig anderes. Eigentlich war sie Buchstaben-Wäscherin. Immer wenn Leute sich wieder einmal völlig verhaspelt hatten, brachten sie damals ihre Buchstaben zu Maria. Oft waren es viele Dutzende von Buchstaben. Für ganze Sätze hätten die gereicht. Maria wusch die Buchstaben dann. Von Hand. Ordentlich. Und mit Bürste. Obwohl die Buchstaben ja eigentlich gar nicht richtig schmutzig waren. Eher verdreht, verzwirbelt, verkrangelt. Ein „T" kostete zehn Pfennige, ebenso ein „L". Ein „E" dagegen zwölf Pfennige. Am teuersten waren das „A" und das „Q". Wörter wie „Tlllt" bei Maria waschen zu lassen, war also preiswert; ein „Aqqaqqaqqa" aber fast schon Luxus.

Doch dann kamen plötzlich immer weniger Kunden zu Maria. Nicht weil die Menschen sich jetzt weniger verhaspelt hätten. Nein! Schuld war ein amerikanischer Konzern: Ballubasch & Co. unlimited. Die Ballubasch-Manager hatten eine Buchstaben-Waschmaschine erfunden und auf den Markt gebracht. Vollautomatisch natürlich. Jeder konnte so sein eigener Buchstaben-Wäscher sein. Mitunter, wenn Maria sich darüber einmal wieder sehr aufregte und auch nur, wenn sie alleine war, dann sagte sie zu sich selbst: „Ottos Mops kotzt."

Aber daran dachte Maria jetzt nicht. Ihre Zeit als Buchstaben-Wäscherin lag lange zurück. Für Erinnerungen fehlte Maria in diesen Tagen schlicht die Muße. Denn Heiligabend stand vor der Tür. Und an Weihnachten kam Maria immer ordentlich ins Schwitzen. Schuld daran waren die Erst-Engelis – also all jene kleinen naseweisen Engelchen, die an Weihnachten zum allerersten Mal mitfliegen dürfen. Es war wie bei kleinen Hunden: Die Erst-Engelis knufften und balgten sich, was das Zeug hielt. Ein ums andere Mal wurden dabei ihre Flügelchen zerknäult, gedehnt, gequetscht und verkrumpelt. „Könnt ihr denn nicht aufpassen", stöhnten da die Mama-Engel. Und die strengen Großmutter-Engel riefen: „Gleich geht es zur Bescherung, und ihr seht aus wie eine weggeworfene Papiertüte vom Bäcker."

Doch für lange Donnerwetter oder gar Bestrafungen war so kurz vor den Festtagen keine Zeit. Die Erst-Engelis wurden deshalb schnurstracks zur Engelsflügel-Büglerin geschickt. Die kam in den Tagen vor Heiligabend aus dem Flügelbügeln gar nicht mehr heraus. In diesem Jahr war Maria aber genervter als je zuvor. Ihre Pausbacken wurden immer röter, und eine Lachfalte nach der anderen verschwand. „Nur weil diese Rotzlöffel nicht auf ihre Flügel aufpassen können, muss ich hier schuften und mich plagen", klagte Maria. Sie sah in den Spiegel und erschrak. „Ich habe ja überhaupt keine Lachfalten mehr und meine Backen sehen aus wie zwei überreife Tomaten", rief Maria und stemmte ihre kräftigen Arme in die Hüften. Ihr Atem machte den Spiegel stumpf. „So sollst du mich nicht sehen, Otto", murmelte Maria. Und hauchte: „So nicht."

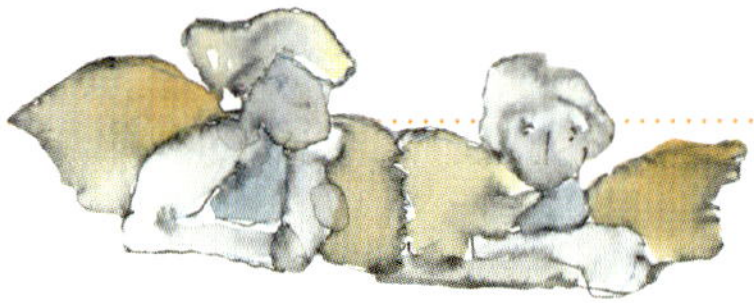

„Freut euch des Lebens“

Otto war Marias große Liebe gewesen. Damals, als sie noch Buchstaben-Wäscherin war. Eines Tages war Otto in ihren Laden gekommen. „Was kann ich für Sie tun?“, fragte Maria. Otto war ein feiner Herr. Er trug Weste und auf dem Kopf einen dunklen Borsalino. Den lupfte er jetzt leicht zum Gruß und sagte dann: „Bitte einmal meinen Namen gründlich durchwaschen, vor und zurück – oder zurück und vor, das ist ja in meinem Fall Jacke wie Hose!“ Maria lachte. Und Otto lupfte noch einmal seinen Borsalino. Als er am nächsten Tag kam, um seinen frisch gewaschenen Namen abzuholen, fragte er Maria: „Darf ich Sie ins Kino einladen?“ Maria lachte. Nach der Vorstellung saßen beide noch lange auf einer Bank im Stadtpark. Seit diesem Abend waren Maria und Otto ein Paar.

Otto war Rektor an einer kleinen Grundschule. Doch sein Herz gehörte der Musik. Er leitete mehrere Chöre, im Streichquartett spielte er die Bratsche. Gerne reimte er und vertonte Texte. Kurz nachdem Otto die Maria kennengelernt hatte, komponierte er eine Kantate über seine Maxime „Freut euch des Lebens“. Maria sagte später einmal über Otto: „Von seiner Lebensfreude getrieben, spürte er keinen Gegenwind.“ Bekannte und Freunde staunten über die innige Liebe der beiden; sie war wie ein Kaminfeuer, zu dem man sich gerne setzen würde.

An einem Sonntagmorgen sagte Otto: „Komm, lass uns picknicken gehen – nur wir zwei.“ Maria lachte. Und kiekste: „Das habe ich mir schon immer gewünscht.“ Sie fuhren nach Zaggori, hinüber in den Palzwald. In dem Dorf stiegen sie aus dem Bus und wanderten von dort zum Kranzwoog. Das ist ein kleiner, versteckter See. Weit hinten im Moosalbtal. Der Weiher ist übersät von weißen Seerosen. Kein Handy-Empfang. Ein Ort, um auf sich zurückzufallen. Einzutauchen in Heiterkeit und unbeschwerte Träumereien. „Do de Woog und do mir“, sagte Otto. Am Südufer des Wassers standen drei Bänke. Die mittlere hatte einen Fußschemel: einen quer liegenden Baumstamm, auf dem man schön seine Schuhe aufsetzen konnte. „Ach Otto", sagte da Maria, „wenn wir mal alt sind, haben wir hier einen guten Platz." Lange saßen sie so da. Die Füße auf dem Fußschemelbaumstamm.

Als die Seerosen, ganz müde von der Sonne, ihre Blüten einklappten, stand das Paar auf. Otto summte einen Walzer – und dazu tanzten beide eine Runde um den kleinen See. Links herum. Dass die aufgeschreckten Frösche laut dazwischenquakten, brachte Maria und Otto nicht aus dem Takt. Nicht an diesem Tag. Sie lagen sich in den Armen.

Monate später war der Gegenwind plötzlich da, auch wenn Otto ihn zunächst nicht spürte. Dann ließ er sich nicht mehr ignorieren. Otto war krank. Als er schon sehr schwach war, sagte er zu Maria: „Wasch mir bitte noch einmal meinen Namen durch, vor und zurück oder zurück und vor – du weißt ja, das ist in meinem Fall Jacke wie Hose." Maria weinte. Otto sagte leise: „Damals, Maria, damals hast du gelacht." „Ich werde nie mehr lachen können, wenn du nicht mehr da bist", flüsterte Maria. Otto richtete sich in seinem Bett ein wenig auf: „Maria, du musst mir etwas versprechen: Du darfst nicht aufhören zu lachen. Deine Lachfalten waren das Schönste für mich auf der Welt – noch schöner als die Musik."

Ort der Erinnerungen

All das war jetzt zwanzig Jahre her. Sie hatte weiter gelacht. Nur an Ottos Todestag nicht. Da nicht. An diesem Tag fuhr sie jedes Jahr hinüber nach Zaggori und wanderte zu dem versteckten Weiher im Tal.

Ein Entschluss

Irgendetwas bollerte gegen das Schaufenster und riss Maria aus den Gedanken. Sie schaute durch den Vorhang in ihren Laden. Schon wieder hatten sich etliche Erst-Engelis draußen auf dem Bürgersteig versammelt. Maria sah nochmals in den Spiegel. In ihr Gesicht, in dem es keine Lachfalten mehr gab. Alle zwölf waren weg. Es war passiert; sie dachte an Otto, der sich in ihre Lachfalten verliebt hatte. Doch auch das half nichts. Maria strich sich mit drei Fingern über die faltenlose Wange.

Erneut rumpelte etwas gegen das Schaufenster. Da sagte Maria zu ihrem Spiegelbild: „Jetzt ist aber Schluss.“ Und wenn Maria so etwas sagt, dann meint sie das genau so. Deshalb ging sie sofort zur Ladentür und hängte dort das Schild auf: „Heute geschlossen!“

Was dann in den nächsten Minuten vor dem Laden der Engelsflügel-Büglerin los war, hatte die Welt noch nicht gesehen. Da drängten sich die Erst-Engelis mit ihren zerschrammten und verdellerten Flügeln und jammerten: „Oh Gott, wer bügelt mir denn nun mein Flügelchen?“ Andere riefen: „Wenn das die Großmutter sieht, bekommen wir keine Geschenke.“ Wenig später war fast die ganze Straße vor Marias Laden voll mit verzweifelten Erst-Engelis, die an sich herumzoppelten. Jetzt ist es ja so, dass Engel an Weihnachten eigentlich gar keine Geschenke bekommen. Weil sie ja diejenigen sind, die uns die Geschenke bringen sollen. Aber daran, dass dies jene Erst-Engelis total durcheinanderbrachten, konnte man sehen, wie verzweifelt sie waren.

Was war das ein tränenreiches Geschluchze. Von dem Aufruhr vor dem Laden bekam Maria aber nichts mehr mit. Sie hatte sich in ihren flauschigen Ohrensessel gesetzt, die Füße hochgelegt und sich eine Weihnachtsschallplatte aufgelegt. Immer wieder strich sie sich übers Gesicht. Als aus den Lautsprechern „O du fröhliche“ erklang, kam die erste Lachfalte wieder zum Vorschein. Bei „Lasst uns froh und munter sein“ die nächste. Und bei „Kling, Glöckchen, klingelingeling“ waren alle Lachfalten – sechs auf jeder Seite – wieder da.

Maria strahlte. Sie dachte kurz an Ottos Kantate „Freut euch des Lebens!“ Erst jetzt, nach all den Jahren, erkannte sie, dass Otto – bewusst oder unbewusst – etwas ganz Einfaches und Selbstverständliches gemacht hatte: Für seine Kantate hatte er alte Weihnachtslieder genutzt. Nur kleine Schnipsel davon, Ministücke. Die hatte er neu zusammengefügt, verzwirbelt und verkrangelt. Virtuos! Violabimini!!

Maria fasste wieder einmal einen Entschluss: „Ich werde nie mehr als Engelsflügel-Büglerin arbeiten." Sie sah in den Spiegel und schüttelte energisch den Kopf: „Nie mehr." Nach einer Weile fügte sie hinzu: „Das hätte ich schon längst machen sollen!" Vermutlich hätte Otto in diesem Moment gesagt: „Ach, wie gut."

Die einzige Engelsflügel-Büglerin weit und breit hatte ihren Laden also dichtgemacht. Es kann deshalb gut sein, dass es diesmal an Weihnachten keine Geschenke gibt. Weil die Engel mit ihren ramponierten Flügeln einfach nicht vorankommen. Oder weil sie noch zu Hause sitzen und selbst versuchen, ihre Flügel irgendwie zu glätten. Aber das kann dauern. Ziemlich lange sogar. Denn Engelsflügel bügeln zu können, ist ein Geschenk des Himmels, eine Besonderheit wie das absolute Gehör. Über solch seltene Gaben verfügen nur wenige. Maria hatte früher immer gesagt: „Engelsflügel sind kein Herrenhemd."

Die Weihnachtskutsche 6

Ein Briefwechsel

6. Dezember

Mein liebes Seepferdchen,
wie geht es Dir? Hat der Nikolaus an euch gedacht und das große Meeresleuchten rechtzeitig angestellt?

Ich habe es in meiner Wohnhöhle hier schön warm. Und mein Vorratskeller ist voll mit fetten Regenwürmern. Jetzt kann der Winter kommen. Puh, wenn er denn überhaupt kommt. Draußen ist es so mild, als wäre es schon Frühling. Gestern Abend bin ich noch einmal aus dem Bau gekrochen und habe eine Runde durch die Gärten hier bei mir in der Schloss- und Parkstraße gedreht. Das ist ein Spaß, wenn man den Menschen so durch die Fenster ins Wohnzimmer schauen kann. Bei denen geht es allerdings ganz schön langweilig zu: Der eine bohrt in der Nase, die andere telefoniert.

Seit ein paar Tagen brennt bei den meisten Menschen eine Kerze im Wohnzimmer. Wenn ich das mit meinen trüben Augen richtig sehe, haben sie die Kerze auf eine Art Autoreifen gestellt, um den sie ein paar Tannenzweige gewickelt haben. Man muss ja nicht alles verstehen, was die Menschen so machen. Oh je, da vorne kommt Herr Theobald mit seinem Hund. So ein knurrendes Sabbervieh. Ich muss Schluss machen, lass bald von Dir hören, Seepferdchen. Salute.

Ich wünsch Dir, wie immer, den besten Erdhaufen der Welt!

Paul, der Maulwurf

8. Dezember

Lieber Paul,
ich bin so traurig. Und so wütend. Ich weiß gar nicht, was ich zuerst sein soll. Traurig! Wütend! Oder wütend und dann erst traurig. Stell Dir vor: Gestern hat der Seegurkenkönig die Seepferdchen für seine neue zwölfspännige Kutsche ausgesucht. Ich bin extra

früh aufgestanden und habe mir die Mähne hochtoupiert. Und die Kopfflossen habe ich mir mit Goldglitzer gepudert. So chic, so cool. Aber weißt Du, was der Seegurkenkönig gesagt hat? Ich sei zu klein und schwächlich für sein Kutschengespann. Pah. Dafür brauche er ganze Kerle, hat er gesagt. Pah, pah.

Elfriede und Petronella, die hat er genommen. Obwohl die einen halben Kopf kleiner sind als ich. Aber die haben einfach ihre Schwänze ausgerollt und sich auf die Schwanzspitzen gestellt. Diese hochnäsigen Schummlerinnen. Und der olle Gurkenkönig hat nix gemerkt. Ich bin so wütend und traurig. So richtig traurigwütend!

Ach, Paul. Wenn Du da gewesen wärst, hättest Du mir bestimmt ein Erdhügelchen geschaufelt. Da wäre ich dann die Größte gewesen. Und Elfriede und Petronella wären hoffentlich tief in den Schlick eingesunken. Denn das müsste doch passieren, wenn man seinen Pferdeschwanz ausrollt wie eine Harpune.

Aber ich will nicht weiter jammern, lieber Paul. Soll der blöde König sich doch eine Gurkentruppe vor die Kutsche spannen. Und damit davonrumpeln!

Sag mal, das mit der Kerze auf dem Autoreifen, sieht das gut aus? So ein Lichtlein würde mir jetzt auch guttun; denn weißt Du, das Meeresleuchten geht immer noch nicht. Schreib mir bald.

Es grüßt Dich mit einem Nasenstups,
Dein Seepferdchen

10. Dezember

Mein liebes Seepferdchen,
das ist aber wirklich ein Obergurkenkönig. Ausgerechnet Dich auszuspannen. Hoffentlich bleibt er mit seiner Kutsche gleich beim erstbesten Riff hängen. Sei nicht traurig. Du kannst doch einfach hinschwimmen, wohin Du willst; ich dagegen muss mir

immer erst mühsam einen Gang schaufeln. Das ist eine Drecksarbeit, das sag ich Dir. Puh …

Aber entschuldige, Du hattest ja nach der Kerze gefragt. Das ist tatsächlich merkwürdig. Seit gestern sind es sogar zwei Kerzen, die auf den Autoreifen brennen. Dabei haben die Menschen eigentlich Licht genug. In dem Haus hinter meinem Garten sind immer alle Glühbirnen an. Also, soweit ich das mit meinen trüben Augen überhaupt sehen kann.

Weißt Du, ob man Licht verpacken kann? Dann könnte ich Dir ja einfach von all dem Lampen- und Kerzenschein etwas schicken. Hör Dich doch mal um: Habt ihr bei euch da unten nicht so neunmalkluge Brillenschlangen?

Wie auch immer. Salute. Ich wünsch Dir, wie immer, den besten Erdhaufen der Welt!

Paul, der Maulwurf

13. Dezember

Lieber Paul,
hier weiß niemand, wie man Licht verschicken kann. Das Meeresleuchten ist immer noch kaputt. Und ich hab auch fast keinen Goldglitzer mehr.

Dein trauriges Seepferdchen,
diesmal ohne Nasenstups

24. Dezember

Mein liebes Seepferdchen,
das glaubst Du nicht. Jetzt drehen die Menschen völlig durch. Sie brennen gerade eine richtige Kerzenorgie ab. Es sieht aus, als hätten sie die Kerzen auf dutzende Kleiderbügel gestellt, die sie an einen Besenstil gehängt haben, den sie dick mit Tannenzweigen umwickelt haben. Und ich kann Dir sagen: Hier gibt es reichlich Goldglitzer!

Ach Seepferdchen, wenn Du jetzt hier sein könntest. Wie das strahlt! Wie das wärmt! Wie das schimmert! Das seh selbst ich mit meinen trüben Augen. Da kannst Du Dein kaputtes Meeresleuchten glatt vergessen. Salute.

Ich wünsch Dir, wie immer, den besten Erdhaufen der Welt!

Paul, der Maulwurf

25. Dezember

Aus dem Polizeibericht:
Den Einsatz mehrerer Streifenwagen hat gestern ein Anrufer bei der Polizeiinspektion III ausgelöst, der kurz vor Mitternacht meldete, eine von zwölf Seepferdchen gezogene Kutsche jage gerade durch die Schloss- und Parkstraße und habe ihn fast umgefahren. Er habe sich nur mit Mühe auf die Verkehrsinsel am Schillerplatz retten können.

Als die Beamten vor Ort eintrafen, lag ein fischig-salziger Geruch in der Luft. Von einer Kutsche oder von Seepferdchen war nichts zu sehen. Auf der Verkehrsinsel stand ein Mann, der zugab, der Anrufer gewesen zu sein. Er wiederholte gegenüber den Beamten, dass er eine von zwölf Seepferdchen gezogene Kutsche gesehen hätte. Ein dreizehntes, golden glänzendes Seepferdchen mit hochtoupierter Mähne habe auf dem Kutschbock gesessen und die Zügel fest in den Flossen gehalten. Mehrfach habe es laut „Salute, Salute Paul" gerufen.

Die Beamten nahmen den Mann für einen Alkoholtest mit auf die Wache. Die Ermittlungen dauern an, es wird nachberichtet.

Der Kaugummiautomat 7

Erste Kratzer

Carl, Fred und Max waren Freunde. Beste Freunde. Fred, Max und Carl hingen immer zusammen, waren unzertrennlich. Den ganzen Tag. Und auch in der Nacht. Dicht auf dicht. Ihr müsste wissen: Carl, Fred und Max waren Kaugummikugeln.

Carl war gelb, Fred grün und Max rosa. Ihr Zuhause war der rote Kaugummiautomat an der Wand des alten Schulhauses. Die Geschäfte gingen allerdings seit Jahren schlecht. Nur noch selten blieb jemand vor dem Automaten stehen, steckte ein Geldstück in den Münzschlitz und drehte am Rad. Carl, Fred und Max, da musste man nicht lange darum herumreden, waren mittlerweile alt und ziemlich hart. Eine Gefahr für jeden Milchzahn.

„Ob er heute kommt?", fragte Fred. „Hoffentlich hat er uns nicht vergessen", meinte Max seufzend. Carl sagte nichts. Er versuchte wohl zum tausendsten Mal, sich von dem billigen Ring zu lösen, der an ihm klebte wie eine Klette. Doch alles Hin- und Herruckeln hatte bisher nichts gebracht. Wie alle Kaugummiautomaten enthielt auch der am alten Schulhaus nicht nur Bubbelgum-Kugeln, sondern obendrein Ringe mit glitzernden Plastikdiamanten. Als vor Tagen ein Laster samt dickem Betonmischer durch die Straße gerumpelt war, hatten nicht nur die Fensterscheiben geklirrt. Die kurze Erschütterung reichte aus, dass einer der billigen Ringe mit den Plastikdiamanten auf Carl rutschte. Hässliche Kratzer in dessen Zuckerguss waren die Folge. Und es wurden Tag für Tag mehr. Carl, Fred und Max hassten Ringe.

Ihr müsst wissen: Kaugummikugeln halten sich für etwas Besseres. Für ganze Kerle. Für das wahre Objekt der Begierde. „Es heißt ja Kaugummiautomat und nicht Ringeautomat", sagte Fred immer. „Genau, ganz genau", rief Max dann meist.

Doch jeder von uns hat gewiss schon einmal beobachtet, wie jemand verärgert und fest auf einen

Kaugummiautomaten eingeschlagen hat. Weil statt des ersehnten Rings nur eine einzelne Kaugummikugel herausgekommen war. Doch diese Momente der Enttäuschung ihrer Kunden verdrängten Carl, Fred und Max stets geflissentlich. Oder nahmen sie in ihrer hochnäsigen Bräsigkeit erst gar nicht zur Kenntnis. Nur jetzt, so kurz vor Weihnachten, nagte die Ungewissheit an ihrem Selbstbewusstsein. „Ob er heute kommt?“, fragte Fred noch einmal.

Die Idee des Bürgermeisters

Als das alte Schulhaus noch ein richtiges Schulhaus war, eines mit Schülern, Lehrern und Hausmeister-Ehepaar, wurde die Fassade jedes Jahr neu gestrichen – immer in Lindgrün. Doch seitdem Klassen, Lehrer und Hausmeister-Ehepaar umgezogen waren in das große Schulzentrum auf der anderen Seite der Stadt, gab es keine Renovierungsarbeiten mehr. Der Fassadenanstrich hatte Risse, an manchen Stellen blätterte das Lindgrün bereits müde ab. Etliche Zeit hatte das Gebäude leer gestanden, dann hatte der Bürgermeister eine Idee: „Wir eröffnen dort ein Weihnachtsbaum-Museum, so etwas gibt es auf der ganzen Welt noch nicht“, sagte er zu seiner Sekretärin. Der Bürgermeister war immer auf der Suche nach neuen Attraktionen für seine Stadt. Doch er war auch mitunter etwas eigensinnig. Für den Werbeflyer, der das neue Museum anpreisen sollte, hatte der Bürgermeister sich selbst den Text ausgedacht und seiner Sekretärin diktiert:

„Wundern Sie sich nicht, dass es uns gibt. Kommen Sie einfach zu uns ins Weihnachtsbaum-Museum und genießen Sie die Welt der Weihnachtsbäume auf zwei Etagen. Hier finden sie den Weihnachtsbaum von Kleopatra ebenso wie den von Ronaldo. 1000 verschiedene Weihnachtsbäume aus drei Jahrhunderten erwarten Sie. Bei Anmeldung sind Führungen durch sachkundige Weihnachtsbaum-Experten möglich. Beachten Sie bitte, dass das Mitbringen eigener Weihnachtsbäume nicht möglich ist. Geöffnet: Jeden 24. Dezember von 18 bis 24 Uhr."

Als die Sekretärin das getippt hatte, sah sie ihren Chef fragend an und meinte: „Finden Sie wirklich, dass es eine gute Idee ist, das Museum nur an einem einzigen Tag im Jahr zu öffnen?" Der Bürgermeister schnaufte und antwortete: „Das ist doch gerade unser Trumpf, das hebt uns von allen anderen Museen ab und macht uns besonders begehrenswert, ja geradezu exklusiv. Und sagen Sie selbst: Wann, wenn nicht an Heiligabend, sollte ein Weihnachtsbaum-Museum denn geöffnet haben?"

Die Sekretärin – sie hieß übrigens Susi – sagte nichts.

Rechts neben der Eingangstür am alten Schulhaus hatten Mitarbeiter des städtischen Bauhofs kurz darauf eine Plastikbox angebracht, in der die Werbeflyer für das Weihnachtsbaum-Museum steckten. Auf der anderen Seite der Tür hing der rote Kaugummiautomat an der lindgrünen Hauswand.

Allerbestes Weihnachtsgold

„Da kommt er", rief Fred. Die drei Freunde versuchten, weiter nach vorne zu rutschen, um besser sehen zu können. „Er" – das war der Mann, der jedes Jahr kurz vor Heiligabend den Kaugummiautomaten mit einem besonderen Weihnachtssortiment bestückte. Kleine Angebote für die Last-Minute-Geschenkekäufer. An Kaugummiautomaten gibt es sogar dann noch etwas, wenn die normalen Geschäfte schon geschlossen sind. Im vergangenen Jahr waren es Mini-Feuerwehrautos, kleine Schwäne, Mokkatässchen und Lilliput-Wörterbücher für Deutsch-Italienisch gewesen, die „er" zusätzlich zu den Kugeln und Ringen in den Automaten gefüllt hatte. Carl hatte damals in einem der Wörterbüchlein nachgeschaut, was Kaugummi auf Italienisch heißt: Gomma da masticare.

Carl, Fred und Max hätten dem Mann eigentlich sagen können, dass die Sache mit dem Weihnachtssortiment eine Schnapsidee war. Niemand wusste das besser als die drei. Denn immer, wenn damals ein abgehetzter Vater vorbeikam, der auf den letzten Drücker ein kleines Feuerwehrauto für seinen Sohn ziehen wollte, oder wenn ein Schnösel für seine Geliebte ein Mokkatässchen zu ergattern suchte, hatten sich mehrere von der Warterei abgenervte Kaugummikugeln vorgedrängelt und in den Ausgabeschacht plumpsen lassen. Sowohl die Väter als auch die Schnösel hatten daraufhin dem Automaten verärgert ein paar Hiebe verpasst – etliche hatten sogar mit beiden Händen wild daran gerüttelt. Für eine neue Chance wollten sie nicht zahlen und versuchten es deshalb mit Handgreiflichkeiten. Doch in diesem Punkt waren sich die Kaugummikugeln, die Ringe mit den Plastikdiamanten und der übrige Schnickschnack einig: Ohne Geld wurde nichts ausgespuckt.

„Er", also der Mann, schloss den Automatenbehälter auf, schüttelte den Inhalt einer Plastiktüte hinein, rührte mit einem Holzspachtel alles kurz um, schloss ab und ging. Carl atmete auf. Durch die Auffüllaktion war der Ring, der die ganze Zeit an ihm wie eine Klette geklebt hatte, ein Stück weit weggeschoben worden.

Carl schaute sich um, was diesmal im Weihnachtssortiment war. Soweit er das überblicken konnte, waren es ausschließlich Balletttänzerinnen-Figürchen. Manche hielten einen kleinen Stern in der Hand. Andere eine kleine Tube. „Wir haben Besuch", rief Fred. Und Max rief glucksend: „Jesses, Jesses, ein Ballett – sind denn noch irgendwo ein paar der Schwäne vom vergangenen Jahr da?" Carl versuchte zu erkennen, was auf den Tuben stand. Als eine der Balletttänzerinnen sich zu drehen begann, konnte er es lesen: „Allerbestes Weihnachtsgold."

Dankeshymnen

Gerd war Busfahrer. Und er war ein lustiger Kerl. Gerd redete gerne mit sich selbst, gerne auch laut. Die Fahrgäste hatten sich daran gewöhnt; zumindest jene, die jeden Tag mit Gerd unterwegs waren. „Schrimmel, Schrammel, Schrummelrum – hajo ich bin's. De Gerd, euern Busfahrer. Ich fahr euch ja immer gut durch die Stadt und aufs Land. Gell. Net wahr?" Das waren Gerds Lieblingssätze. Seine Stamm-Fahrgäste antworteten dann üblicherweise wie im Chor: „Ei joh!" Die meisten mussten dafür gar nicht von ihrer Zeitung oder ihrem Handy aufblicken. Gerd und seine Mitfahrer waren ein eingespieltes Team. Denn auf das „Ei joh!" rief Gerd zugleich ein kräftiges „Bitteschöööööööön" zurück, was wiederum mit einem noch kräftigeren „Dankeschöööööööön" der Fahrgäste vergolten wurde.

Gerd hatte meist auf der Linie 101 Dienst: Bahnhof, Seebach-Brücke, Rathaus, Altes Schulhaus, Schwimmbad und wieder zurück zum Bahnhof. Vielleicht lag es an Gerds Frage-Antwort-Spiel und diesem ständigen „Bitteschööööön" samt „Dankeschööööön"; vielleicht lag es aber auch an etwas völlig anderem. Auf jeden Fall fiel es nie einem Fahrgast auf, dass Gerd auch dann an Haltestellen hielt, wenn niemand dort ein- oder aussteigen wollte. Manchmal stoppte er auch mitten auf der Strecke. Und mitunter hielt er dann sogar recht lange.

Der Blechbüchsen-Baum

Susi hatte einen Kurzhaarschnitt, hatte so gut wie immer gute Laune und war hübsch. Als das Weihnachtsbaum-Museum vor zehn Jahren eröffnet wurde und es darum ging, wer denn an Heiligabend im Museum den Dienst übernahm, die Eintrittskarten verkaufte und am Ende das Licht ausmachte, hatte sich Susi freiwillig gemeldet. Sie lebte allein. Susi hatte diese Art des Weihnachtenfeierns schnell lieb gewonnen. Gegen 16 Uhr kam sie ins Museum. Dann holte sie mit dem Staubwedel die gröbsten Spinnweben aus den Weihnachtsbäumen, etliche Ausstellungsstücke bekamen noch eine kleine Sonderbehandlung. Beispielsweise der Baum des Altkanzlers, in dem silberne Saumägen hingen. Die polierte Susi ebenso auf wie die Kaiserkrönchen, die den Baum von Deutschlands berühmtestem Fußballspieler zierten.

Es war damals ihr zweiter oder dritter Museumsdienst gewesen, als sie bei ihrem Rundgang festgestellt hatte, dass einer der Weihnachtsbäume fehlte. Es war der Zirkus-Baum. In ihm hingen Tiger, Löwen, ein Elefant und Artisten – alle schön aus Goldpapier ausgeschnitten und kunstvoll zusammengeklebt. Die Löwen saßen auf umgedrehten Eisbecherchen, die gelb-rot-blau angemalt waren und wie Podeste in der Manege aussahen. Besonders hatte es Susi der starke August, der Gewichtheber, angetan. Sein Schnurrbart war aus Silberpapier, das man in ganz feine Streifen geschnitten hatte und das sich so kräuselte, dass man August die Anstrengung beim Gewichtestemmen regelrecht ansah. Etwas traurig war Susi schon gewesen, dass ausgerechnet dieses Ausstellungsstück fehlte, denn das war einer ihrer Lieblingsbäume. Doch im nächsten Jahr stellte sie überrascht fest, dass der Zirkusbaum wieder an seinem Platz stand und sich Tiger, Löwen, der Elefant und auch der starke August in ihm hin- und herdrehten. Dafür fehlte nun der Baum mit den rot lackierten Holzäpfeln. Auch der war am darauffolgenden Weihnachtsfest wieder da – und natürlich war dafür jetzt ein anderer Baum verschwunden.

Dieses merkwürdige Wechselspiel wiederholte sich Jahr um Jahr. Susi dachte sich ihren Teil und hatte den Bürgermeister im Verdacht: „Der borgt sich hier einfach einen schönen Weihnachtsbaum nach dem anderen aus, statt sich einen zu kaufen.“ Manchmal überlegte Susi sogar, ob der Bürgermeister einzig zu dem Zweck, einfach und umsonst an einen prächtigen Weihnachtsbaum zu kommen, dieses Museum hatte einrichten lassen. Sie unterstellte ihrem Chef schon seit längerem, dass er Dienstliches und Privates nicht allzu genau und gewissenhaft trennte. Da gab es Ungereimtheiten und Merkwürdigkeiten. Schon mehrfach hatte sie mit dem Gedanken gespielt, sich versetzen zu lassen. Oder sich gleich ganz woanders einen Job zu suchen. Sie war bereit für Neues.

Susi sah sich um, dann wusste sie Bescheid. Diesmal feierte der Bürgermeister offenbar mit dem Blechbüchsen-Baum. Dieser war geschmückt mit leer gegessenen Konserven, deren Aufkleber man entfernt hatte, damit sie schön glänzten. Und bei Kerzenlicht funkelten die kleinen und großen Blechbüchsen tatsächlich recht weihnachtlich. „Wehe, es fehlt hinterher eine der Dosen“, murmelte Susi.

Vergewisserungen

„Allerbestes Weihnachtsgold“, las Carl noch einmal vor, was auf den kleinen Tuben stand, die etliche der Balletttänzerinnen-Figürchen in der Hand hielten.

Allein im Haus

Als Susi mit ihrem Rundgang durch das Weihnachtsbaum-Museum fertig war, ließ sie auf einem kleinen Campinggaskocher, den sie sich dafür extra mitgebracht hatte, einen Kirschpunsch vor sich hin sieden. Und pünktlich um 18 Uhr schloss sie dann die Museumstür auf. Und wartete. Oder tat so, als würde sie warten. Denn in all den Jahren war kein einziger Besucher gekommen. Warum also sollte es diesmal anders sein. Die Rolle der Eintrittskarten lag ungenutzt in der Schublade.

Doch Susi mochte diese besondere Atmosphäre: Um sie herum Dutzende von geschmückten Weihnachtsbäumen, deren elektrische Lichterketten blinkten und strahlten. Später würde sie noch ein paar echte Kerzen anzünden. Beispielsweise an einem der Bäume, die aus dem Kulissenfundus berühmter Weihnachtsfilme wie „Der kleine Lord“ oder „Kevin – allein zu Haus“ hierher ins Museum gekommen waren. „Ach, wie herrlich“, sagte Susi und legte die Füße hoch.

Als sie das erste Mal an dem Kirschpunsch nippte, passierte es: Das Licht ging aus. An der Deckenlampe – und auch an allen Museums-Weihnachtsbäumen. Susi schaute aus dem Fenster. Draußen herrschte ebenfalls tiefe Dunkelheit. Die Stadt war hinter einer schwarzen Wand verschwunden. „Warum hab ich noch keine Kerzen angezündet?“, flüsterte Susi. Es schien sich um einen kompletten Stromausfall zu handeln. Und das an Heiligabend. Ausgerechnet. Die Holztreppe unten knarzte. Etwas unheimlich ist es schon, dachte Susi.

Der Weg ist frei

Carl, Fred und Max waren Freunde. Ihr Zuhause war bisher der rote Kaugummiautomat gewesen. Und alles war gut, dachten sie. Zumindest solange die blöden Ringe Abstand hielten. Doch jetzt war plötzlich alles anders. Eine kleine Balletttänzerin nach der anderen hatte sich zu drehen begonnen, erst langsam, dann immer schneller. Die Welt geriet in Bewegung. Nichts schien mehr so, wie es einmal war. Plötzlich und ohne dass ein Geldstück eingeworfen worden wäre, drehte sich vorne die Münzscheibe wie von selbst. Und dann stand der Ausgabeschacht weit offen.

Ein Ziel vor Augen

Susi tastete sich die Treppe hinunter. Schließlich öffnete sie die Tür. Die Straßenlaternen waren erloschen. „Ist da jemand?“, fragte sie unnötigerweise. Denn Susi wusste nur zu gut, dass um diese Zeit an Heiligabend niemand hierherkam. Zum Weihnachtsbaum-Museum, dieser vermeintlichen Touristenattraktion der Stadt.

Wieso sie es zunächst übersehen hatte, wusste sie später nicht mehr zu sagen: Doch neben der Eingangstür schimmerte etwas an der Wand. Es war der Kaugummiautomat. Susi schaute sich schnell um: War da doch jemand? Dann sah sie, wie aus dem Kaugummiautomaten kleine goldene Kugeln herausfielen und anschließend wie in einer Karawane über die Straße rollten. Dazwischen und darüber schwebten kleine Balletttänzerinnen, die leuchtende Sterne in den Händen hielten. Der seltsame Zug wusste offenbar genau, wo er hin wollte. An seinem Ende tänzelte eine Ballerina im tannengrünen Abendkleidchen, die eine Kette mit rund einem Dutzend Ringen hinter sich herzog.

Susi atmete tief durch. Wenn nicht jetzt, wann dann, dachte sie. Susi folgte dieser Weihnachtskarawane hinaus in die Nacht, die plötzlich gar nicht mehr dunkel, sondern völlig anders war.

Eine besondere Busfahrt

Gerd hatte am ersten Weihnachtsfeiertag gleich die erste Schicht auf seiner Linie 101. Abfahrt: 6.30 Uhr am Bahnhof. Bisher war niemand zugestiegen. Wie ihr wisst, war Gerd ein lustiger Typ, der gerne und häufig mit sich selbst redete. Egal, ob er alleine im Bus saß. Oder nicht. „Schrimmel, Schrammel, Schrummelrum – hajo ich bins. De Gerd, euern Busfahrer. Ich fahr euch ja immer gut durch die Stadt und aufs Land. Gell. Net wahr?“ An diesem Morgen antwortete ihm niemand. Gerd hatte deshalb Gelegenheit, an den Vorabend zurückzudenken. Er und seine Frau hatten wie jedes Jahr an Heiligabend gemütlich zusammengesessen, wie immer Wurstschnittchen gegessen und wie immer danach Händchen gehalten. Gerd und seine Elsa hatten eine Abmachung: Sie schenkten sich nur eine Kleinigkeit. Wirklich nur eine Kleinigkeit. Versprochen! Elsa bekam von Gerd ein Mokkatässchen, er von ihr eine neue Busfahrermütze. Zeitig am Abend gingen sie zu Bett, denn Gerd hatte ja am nächsten Tag Frühschicht.

Und auf der war er jetzt unterwegs. Auch wenn immer noch kein Fahrgast zugestiegen war, begann Gerd wieder laut zu reden: „Also dieses Jahr hab ich ja an Weihnachten Dienst. Klar, einer muss auch an Weihnachten den Bus fahren. Steht ja schließlich im Fahrplan. Aber so schlimm ist das nicht, da pack ich mir zwei Würstchen ein, nehm mir das Kofferradio mit und hör Weihnachtslieder. Und manchesmal fahr ich im Takt. Also bei Stiiiiiiiiiiiiiille Nacht immer leicht nach links, und bei heeeeeeeilige Nacht dann wieder leicht nach rechts. Ich sag da immer zu mir: Gerd, machen mir mal wieder die Weihnachtsschaukel? Und de Gerd sagt da immer prompt: Ja, des machen wir. Bei Stiiiiiiiiiiiiiille Nacht fährt de Gerd – also Schrimmel, Schrammel, Schrummelrum: de Gerd, das bin ich – wie gesagt bei Stiiiiiiiiiiiiiille Nacht fährt de Gerd immer gaaaaaanz leicht nach links, und bei heeeeeeeilige Nacht dann wieder leeeeeeeeeeicht nach rechts. Moment mal, einen Augenblick, gleich erzähl ich euch, wie man eine Weihnachtsschaukel bei Gegenverkehr macht. Momentsche, erst kommt da vorne die Haltestelle an dere alte Schul. Ich weiß ja auch nicht, warum ausgerechnet da 'ne Haltestelle ist. Dort steigt nie jemand aus, und nie jemand ein. Aber was ist denn das? Des gibt es doch nicht ..."

Also, ihr müsst wissen, „er", der Mann, der entlang dieser Strecke seit Jahren die Automaten an den Häuserwänden betreute und bestückte, das war der Gerd. Der Busfahrer. Der so gerne mit sich selbst redete. Doch jetzt war er sprachlos. Gerd hatte den Bus gestoppt und schaute auf die Wand des alten Schulhauses. Der Kaugummiautomat war völlig leer. Und er war auch nicht mehr rot. Sondern irgendwie golden. In dem Moment kam die Morgensonne dieses ersten Weihnachtstages über den Dächern hervor. Der Kaugummiautomat funkelte. Gerd sah stumm und andächtig aus dem Busfenster.
Ziemlich lange. Und etwas ratlos. Dann holte er tief Luft. „Dankeschööööön!", flüsterte er. Und noch einmal: „Dankeschööööön!"

Der Bus auf der Linie 101 sollte an diesem Tag reichlich Verspätung haben.

Der Weihnachts-Pustebär 8

Das gelbe Warnschild am Eingang war nicht zu übersehen: „Achtung, jedem unbeaufsichtigten Kind in unserem Laden schenken wir 1 Liter Cola & einen Hundewelpen." Anton lachte. Natürlich würde jedes Kind dort drinnen gerne elternfrei, unbeobachtet und nach Herzenslust herumstöbern. Alles anfassen und alles ausprobieren. Jetzt in der Vorweihnachtszeit sicher noch ungeduldiger und neugieriger als sonst. Denn was hinter der Eingangstür wartete, war der Spielzeugladen „Das Schaukelpferd" – eines der ältesten Geschäfte in der Stadt. Anton betrachtete die Auslage im Schaufenster. Eine Kugelbahn aus Holz für 249 Euro, dazu diverse Erweiterungskästen für jeweils 135 Euro. Er schüttelte leicht den Kopf. Ganz schön teuer, früher haben wir uns das aus Karton selbst gebaut, dachte er. Anton überlegte, wie oft er mit seinen Kindern seinerzeit wohl im „Schaukelpferd" gewesen war. Das war lange her, Meike war jetzt 25, Tim 27. Hatte er ihnen überhaupt in dem Laden jemals etwas gekauft? Hatten die Kinder gequengelt? Waren sie aufgeregt oder enttäuscht gewesen? Anton wusste es nicht mehr.

Auf der Schaufensterscheibe stand in großen Buchstaben: „Spielzeug nicht nur für Kinder." Anton seufzte. Ja genau, jetzt fiel es ihm wieder ein: Aus dem „Schaukelpferd" stammte der Kasten mit der elektrischen Modelleisenbahn, den er damals zu Weihnachten Tim geschenkt hatte. Oder eher sich, wie er sich viele Jahre später eingestehen musste.

Plötzlich unterbrach ein eigenartiges Geräusch Antons Erinnerungen. Hufffff-hufffff-hufffff. Das Zischen schien von oben zu kommen. Klingt wie ein Föhn, dachte er und schaute an der Hausfassade hoch. Hufffff-hufffff-hufffff. Anton schmunzelte, als er sah, was es war. Oberhalb des Schaufensters hing an der Wand ein Kinderstuhl mit Armlehnen, in dem ein großer Teddybär hockte. Sein Fell hatte über die Jahre hinweg in Wind und Wetter schon etwas gelitten, die rote Schleife um den Hals war verrutscht, doch der Mechanismus funktionierte noch tadellos. In der rechten Tatze hielt der Bär den Blasring, den er erst in das Röhrchen vor sich tauchte und dann anhob. Hufffff-hufffff-hufffff – der Luftstrahl aus der Schnauze blies drei, vier, fünf Seifenblasen unterschiedlicher Größe auf, die schließlich bunt schillernd zwischen der Weihnachtsbeleuchtung der Fußgängerzone hinwegschwebten. „Der gute, alte Pustefix-Bär, dass es den noch gibt“, murmelte Anton.

In der Tat dürfte „Das Schaukelpferd“ einer der wenigen Spielzeugläden sein, bei dem diese Nostalgie-Werbefigur heute noch im Einsatz war. Sie hatte eine lange Geschichte hinter sich. In der Nachkriegszeit hatte ein Chemiker in Baden-Württemberg ein neues Waschmittel erfinden wollen und beim Experimentieren zufällig eine Mischung entdeckt, mit der sich wunderschöne Seifenblasen machen ließen. Aus dieser Spielerei in einer Hinterhof-Werkstatt wurde schließlich eine richtige Firma mit der Marke „Pustefix“. Das unverwechselbare Gesicht dieses Spielzeug-Artikels war von Beginn an der Bär mit der roten Schleife um den Hals. Er grüßte von den Röhrchen, die das Seifenblasenelixier enthielten. Nach einer Werbefigur für „Pustefix“ hatte der Chemiker nicht lange suchen müssen: Der Lieblingsteddy seiner Kinder hatte ihn auf diese Idee gebracht.

Anton wusste dies alles so genau, weil er selbst als Jugendlicher von den glänzenden und anmutig dahinwabernden Seifenblasen fasziniert war. So sehr, dass er versucht hatte, die „Pustefix“-Mixtur zu verbessern. Um noch größere, schönere und stabilere Seifenblasen zu bekommen. Anton hatte herausgefunden, dass sie länger in der Luft schwebten, wenn er Zucker und Tapetenkleister in die Lauge rührte. Und dass sie schneller platzten, wenn er stattdessen Salz verwendete. Mit seinen Versuchen hatte Anton damals am Wettbewerb „Jugend forscht“ teilgenommen. Mit einigem Erfolg sogar. Und darauf war er einigermaßen stolz gewesen.

Ob er deshalb später Chemie studiert hatte und dann Lehrer geworden war? Anton wusste es nicht zu sagen. Er hatte nach dem Abitur so viele Berufswünsche gehabt. Pilot natürlich. Staudammkonstrukteur oder Glockengießer. Und Schriftsteller. Am liebsten so einer mit Nickelbrille und rotem Schal. Bis heute schrieb er ab und zu heimlich kleine Geschichten, selbst seiner Frau hatte er sie bisher nicht gezeigt oder gar zum Lesen gegeben.

Während er nach Hause ging, dachte Anton an den Bären, der im Kinderstühlchen über dem Schaufenster des Spielzeugladens hing, und an die Seifenblasen. Anfangs waren die Röhrchen noch mit einem Naturkorken verschlossen gewesen, der nie ganz dicht saß. Häufiger war deshalb etwas von der glitschigen Flüssigkeit ausgelaufen. Manchmal auch mehr – die kleinen Katastrophen der Kindheit. Anton lächelte und pfiff vor sich hin, als er an den Buden in der Fußgängerzone vorbeilief. Es roch nach Zuckerwatte, Glühwein, Bratwurst und Lebkuchen. Der übliche, wilde Weihnachtsmarkt-Mix. Als Anton die Tür aufschloss, hatte er den Anfang einer Geschichte im Kopf. Er musste sie nur noch aufschreiben. Am besten jetzt gleich.

In der Werkstatt des Pustebärs

PUSTEBÄR (RÄKELT SICH): Langsam wird es Zeit, Katrinchen. Schluss mit dem monatelangen Müßiggang.

KATRINCHEN: Och nö.

PUSTEBÄR: Du weißt, dass da nichts hilft. Weihnachten haben wir Bereitschaft.

KATRINCHEN: Du mit deinen ewigen Befürchtungen, es wird schon nix schiefgehen.

PUSTEBÄR: Aber einmal war es nah dran.

KATRINCHEN (GÄHNT): Das ist doch hunderttausend Jahre her. Gab's denn damals Weihnachten überhaupt schon? Und mal ehrlich: Überschätzt du da nicht deine Möglichkeiten?

PUSTEBÄR: Ach Katrinchen, was soll denn das heißen?

KATRINCHEN: Ja okay, du bist der Weihnachts-Pustebär.

PUSTEBÄR (STOLZ): Stimmt genau, liebes Katrinchen. Ich bin der Weihnachts-Pustebär. Und den Weihnachts-Pustebär gibt es nur einmal.

KATRINCHEN: Das ist doch gerade die krasse Fehlplanung: ein einziger Weihnachts-Pustebär gegen den Rest der Welt. Wie soll das denn gut gehen?

PUSTEBÄR: Ach Schluss mit diesen dummen Fragen.

KATRINCHEN: Was ist denn da jetzt bitte dumm daran?

PUSTEBÄR: Dass es uns keinen einzigen Millimeter weiterbringt. Los, wir müssen unsere Werkstatt endlich auf Vordermann bringen. Du weißt ja …

KATRINCHEN: Oh je, ja, ich weiß, jetzt kommt's gleich wieder.

PUSTEBÄR: Was kommt wieder?

KATRINCHEN: Dieser blöde Spruch: Bekommt Weihnachten eine Delle, ist der Pustebär zur Stelle.

Im Zimmer des Weihnachtsstücke-Schreibers

LEBKUCHEN-KARL: Was hast du dir denn da wieder ausgedacht?

STÜCKESCHREIBER: Wie? Das ist doch ein prima Anfang: Der knuddelige Weihnachts-Pustebär, das etwas rotzfreche Katrinchen und im Hintergrund eine dunkle Gefahr.

LEBKUCHEN-KARL: Brrrrrrrrrrr. Das ist wie immer bei den Stücken, die du schreibst. Brrrrrrrrr. Immer denkst du dir diese Weihnachts-Fast-Katastrophen aus. Kann denn nicht irgendwann bei uns einmal alles glatt und normal laufen? So wie überall an Heiligabend.

STÜCKESCHREIBER: Mein lieber Lebkuchen-Karl, das solltest auch du wissen: Weihnachten ist kein normaler Tag.

LEBKUCHEN-KARL: Geschenkt. Aber deshalb muss doch nicht gleich megamäßig immer etwas schiefgehen: Mal wird bei dir der Schnee geklaut …

DER STÜCKESCHREIBER: Das war doch gar nicht ich, das war der gefährliche Schneeräuber.

LEBKUCHEN-KARL: … oder die Sterne werden gemopst, die Weihnachtsluft wird verpestet oder den Weihnachtswürstchen die Pelle weggeschrubbt. Brrrrrrr. Was ist das denn für ein Durcheinander?

STÜCKESCHREIBER: Ich hatte immer den Überblick …

LEBKUCHEN-KARL: Wohl eher einen Tunnelblick mit Scheuklappen! Können wir Weihnachten nicht endlich mal ganz gemütlich angehen lassen. Kannst du nicht endlich mal ein Stück schreiben, in dem alles in geregelten Bahnen verläuft?

DER STÜCKESCHREIBER: Aber gerade an Weihnachten ist die Gefahr doch am größten, da steht schließlich alles auf dem Spiel. Hörst du: alles!

LEBKUCHEN-KARL: Ich kann mir gut vorstellen, was du bei diesem Stück drüben in der Werkstatt gleich passieren lassen willst. Entweder geht dem Pustebär die Puste aus.

STÜCKESCHREIBER: Oder?

LEBKUCHEN-KARL: Der Strom fällt aus.

STÜCKESCHREIBER: Das hatten wir schon mal, und das war am Ende gar keine Katstrophe – im Gegenteil, nur deshalb lernten wir diese lustige Kerzenkarawane kennen. Aber mein lieber Lebkuchen-Karl, wie hättest du es denn gerne? Noch haben wir alle Optionen.

LEBKUCHEN-KARL: Hab ich doch schon gesagt, ich hätte es gerne ganz gemütlich. Ganz normal. Alle Lichtlein brennen, nix fehlt, nix fällt vom Dach. Und alles hängt genau da, wo es hingehört.

STÜCKESCHREIBER: So einen komplizierten Wunsch musst du lange vorher ans Christkind schicken, jetzt ist es dafür zu spät.

In der Werkstatt des Pustebärs

PUSTEBÄR: Katrinchen, los, es wird Zeit. Die Werkstatt muss endlich aus dem Sommertiefschlaf geholt werden. Husch, husch!

KATRINCHEN: Husch, husch? Die Zeiten sind vorbei. Ich bin kein kleines Ringelsöckchen mehr.

PUSTEBÄR: Mein liebes Katrinchen, wir müssen doch zusammenhalten. Ich muss jetzt erst einmal ein paar Pusteübungen machen. (PUSTET)

KATRINCHEN: Dieser überhebliche Sturkopf. Es läuft wie immer. Ich setz mir am besten den Kopfhörer auf, dann bekomm ich nix mit.

Im Zimmer des Weihnachtsstücke-Schreibers

LEBKUCHEN-KARL: Jetzt lahmt dein Stück aber.

STÜCKESCHREIBER: Aber du wolltest doch keine Dramatik, keine Katastrophen, keine verzweifelten Weihnachtsglöckner und Weihnachtshunde.

LEBKUCHEN-KARL: Ich wollte etwas Schönes, etwas Besinnliches. Etwas Erhebendes. Und was präsentierst du: einen wild schnaubenden Weihnachts-Pustebär.

STÜCKESCHREIBER: So baut man eben Spannung auf.

LEBKUCHEN-KARL: Also geht ihm doch die Puste aus.

STÜCKESCHREIBER: Viel schlimmer.

Anton blätterte zurück und las, was er gerade geschrieben hatte. Er war sofort in sein Arbeitszimmer gegangen, hatte den Laptop aufgeklappt und sich an die Arbeit gemacht. Es wurde offenbar ein richtiges, kleines Weihnachtsstück. Anton freute sich. Er verschränkte die Finger ineinander, lehnte sich zurück, um nachzudenken. Der Stuhl knarrte. „Anton?“, rief von unten Anne, seine Frau. „Bist du schon zurück?“ Er antwortete nicht. Und schrieb weiter.

In der Werkstatt des Pustebärs

PUSTEBÄR (ROTE ALARMLEUCHTE BLINKT): Alarm, Alarm, Katrinchen, wo bist du?

KATRINCHEN (UNTER DEM KOPFHÖRER): Ich hör nix.

Im Zimmer des Weihnachtsstücke-Schreibers

STÜCKESCHREIBER: Jetzt droht gleich alles zusammenzubrechen.

LEBKUCHEN-KARL: Wie immer, sag ich doch.

STÜCKESCHREIBER: Ist dir denn das noch nie aufgefallen?

LEBKUCHEN-KARL: Was denn?

STÜCKESCHREIBER: Dass Weihnachten eine ziemlich eckige Angelegenheit ist.

LEBKUCHEN-KARL: Von was redest du? Hast du jetzt in deinem Stück endgültig den roten Faden verloren?

STÜCKESCHREIBER: Eben nicht. Schau dir doch unseren Weihnachtsbaum an, was fällt dir auf?

LEBKUCHEN-KARL: Der ist grün.

STÜCKESCHREIBER: Ja, der ist grün. Aber er ist vor allem dreieckig. Alle Weihnachtsbäume auf all den Weihnachtskarten sind immer dreieckig. Und die vielen eingepackten Geschenke sind viereckig. Oder achteckig, wenn sie größer sind. Und die Sterne, Lebkuchen-Karl? Die Sterne sind zackig. Du siehst: Weihnachten ist überhaupt keine runde Sache.

LEBKUCHEN-KARL: Jetzt liegst du aber total falsch: Was ist mit den schönen Weihnachtskugeln? Alle rund! Ob silbrig, golden, rot oder aus Glas – sie sind alle kugelrund.

STÜCKESCHREIBER: Gut beobachtet. Genauso ist es. Und was wäre, wenn plötzlich kurz vor Weihnachten alle Weihnachtskugeln plötzlich verschwunden wären? Weil vielleicht so ein paar Rüpel sie stibitzt haben, weil die vielleicht all die Kugeln für ihr Weihnachtskegeln brauchen …

LEBKUCHEN-KARL: Von was redest du denn da?

STÜCKESCHREIBER: Und was ist, wenn bei diesem Weihnachtskegeln alle Weihnachtskugeln zerdeppert würden? Ein riesiger Scherbenhaufen. Was glaubst du, was dann passiert?

LEBKUCHEN-KARL: Hast du zu viel getrunken?

STÜCKESCHREIBER: Papperlapapp. Du begreifst es einfach nicht: Ohne Weihnachtskugeln hängt der Weihnachtssegen schief. Total schief, sag ich dir. Da rutscht einfach alles ab.

LEBKUCHEN-KARL: Ich ahne es: Wir schlittern gerade in den nächsten Schlamassel.

STÜCKESCHREIBER: Ich sag dir, was dann passiert. Dann kann nämlich nur noch einer helfen. Dann gibt es nur noch einen einzigen, der Weihnachten aus der Ecke holen kann. Dann schlägt seine große Stunde.

LEBKUCHEN-KARL: Lass mich raten.

STÜCKESCHREIBER: Ja los, sag mir, wer das ist, der das wieder reparieren wird.

LEBKUCHEN-KARL: Der Weihnachts-Pustebär?

STÜCKESCHREIBER: Logisch. Der pustet nämlich dann in seiner Werkstatt lauter Weihnachtsseifenblasen. Hunderte. Tausende. Und das Katrinchen fixiert sie schnell mit Haarspray, damit sie nicht platzen. Und weil Weihnachtsseifenblasen so leicht sind, fliegen sie kreuz und quer durch die Lüfte und schweben in die Weihnachtsstuben. Und alles wird gut.

LEBKUCHEN-KARL: Ich hab es geahnt. Dein neues Stück wäre wieder so eine Fast-Katastrophen-Geschichte geworden. Aber jetzt musst du sie nicht mehr zu Ende dichten. Wir kennen das Ganze ja nun schon. Du könntest für uns deshalb stattdessen wirklich einmal, also ausnahmsweise, so eine liebe, schöne Geschichte schreiben.

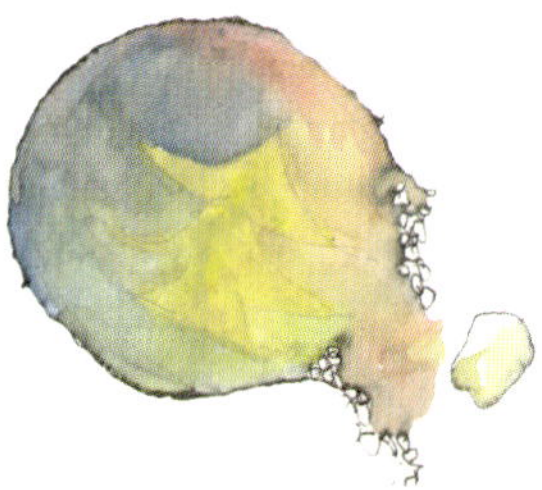

„Anton?“ Die Tür ging auf. „Du bist ja doch schon hier“, sagte seine Frau etwas verwundert. Anne hatte die Haare hochgesteckt und trug den gelben Pullover, den er so gerne mochte. Anton schmunzelte. „Was machst du denn da?“, fragte Anne und sah auf den Laptop. Sie begann zu lesen, was Anton zuletzt geschrieben hatte. „Der Lebkuchen-Karl? Der Stückeschreiber? Bist du denn jetzt unter die Dichter gegangen?“, rief sie lachend. „Also, es ist nur so ein Versuch“, meinte Anton etwas verlegen und wollte den Deckel seines Laptops zuklappen.

Doch Anne hinderte ihn daran: „Nein, nein, ich will erst alles sehen.“ Sie stützte sich auf Antons Schulter, er blätterte nach kurzem Zögern schließlich an den Anfang des Textes zurück. Als sie fertig war, rief Anne: „Ein Weihnachtsstück? Etwa für uns? Es sind doch vier Personen, das können wir doch spielen – du, ich und Meike und Tim, wenn wir an Heiligabend wieder zusammen sind.“ Anton schaute zweifelnd: „Also ich weiß nicht.“ – „Doch, doch, das ist endlich einmal etwas anderes, als immer nur wieder die gleichen Weihnachtslieder zu singen", sagte Anne. Und deutete dann auf den Laptop und die letzten Zeilen, die dort standen: „So eine liebe, schöne Geschichte – ist das denn schon der Schluss?" Anton sagte: „Noch nicht ganz". Anne sah zu, wie ihr Mann weiterschrieb.

In der Werkstatt des Pustebärs

KATRINCHEN: Ach du lieber Weihnachts-Pustebär, erzähl mir doch bitte noch einmal die Geschichte …

PUSTEBÄR: Aber die kennst du doch schon.

KATRINCHEN: Aber es ist doch eine so schöne Geschichte. Die kann man nicht oft genug hören.

PUSTEBÄR: Du meinst die Geschichte, wie ich zu meinem Namen kam?

KATRINCHEN: Ja, genau die. Die ist so schön.

PUSTEBÄR: Also gut. Dann pass gut auf. Es war einmal vor langer Zeit. Da war ich noch ein junges Bärchen. Ich war damals fast noch so verspielt wie du.

KATRINCHEN: Manno. Ich bin schon lange kein Ringelsöckchen mehr.

PUSTEBÄR: Ist ja gut. Ist ja gut. Also damals waren wir nach Heiligabend schlafen gegangen. Oh, was hatten wir zuvor gut gegessen. Mama-Bär hatte Weihnachtsgans gebraten. Mit Äpfeln und jeder Menge Honig. Aber ich konnte nach dem vielen Futtern nicht schlafen. Habe mich im Bett hin und her gewälzt. Dann bin ich aufgestanden und runter in die Stube gegangen, wo unser Weihnachtsbaum stand.

KATRINCHEN: Und dann? Was hast du dann gemacht?

PUSTEBÄR: Dann habe ich alle Kerzen an unserem Weihnachtsbaum angezündet.

KATRINCHEN: Und weiter, was passierte dann?

PUSTEBÄR: Dann habe ich sie alle wieder ausgeblasen. Und wieder angezündet.

KATRINCHEN: Und gleich wieder ausgeblasen?

PUSTEBÄR: Genau, ich habe Streichholzschachtel um Streichholzschachtel aufgebraucht. Bis dann …

KATRINCHEN: … bis was?

PUSTEBÄR: Bis plötzlich Mama-Bär in die Stube kam und sagte …

KATRINCHEN: Ja, sag schon – was sagte Mama-Bär?

PUSTEBÄR: Sie sagte zu mir: Du bist ja ein richtiges Pustebärchen, mein Bärchen. Jetzt ist aber Schluss mit dem dauernden Anzünden und Auspusten. Ab, ab ins Bett mit dir.

KATRINCHEN: Was für eine schöne Geschichte. Und seitdem haben alle nur noch Pustebär zu dir gesagt?

PUSTEBÄR: Genau. Und an Weihnachten haben sie sogar Weihnachts-Pustebär zu mir gesagt.

KATRINCHEN: Wie süß …

Im Zimmer des Weihnachtsstücke-Schreibers

STÜCKESCHREIBER: Und? Endlich zufrieden?

LEBKUCHEN-KARL: Ja. Voll und ganz. Was für eine schöne, zuckersüße Geschichte. Jetzt musst du mir noch eins verraten: Warum heiße ich in dem Stück eigentlich „Lebkuchen-Karl“? Das macht doch gar keinen Sinn.

STÜCKESCHREIBER: Das ist eine komplizierte Sache.

LEBKUCHEN-KARL: Wieso das denn?

STÜCKESCHREIBER: Weil sie eben so richtig verzwackt ist. Wo soll ich da nur anfangen? Mmmmmh. Weißt du was, Lebkuchen-Karl, diese Geschichte denke ich mir nächstes Weihnachten aus.

„Ach Anton, das müssen wir einfach an Weihnachten spielen", sagte Anne. Ihr Mann seufzte. „Meike und Tim haben doch früher auch so gerne Seifenblasen gepustet, erinnerst du dich denn nicht?", fuhr Anne fort und klopfte ihrem Mann mehrfach liebevoll auf die Schulter. Anton erinnerte sich: Tatsächlich waren die Seifenblasen-Röhrchen eines jener Geschenke gewesen, über die sich seine Kinder damals richtig und ehrlich gefreut hatten. Dass sie die Seifenblasen meist gegen die große Scheibe der Terrassentür bliesen, wo sie regelmäßig Schlieren hinterließen, hatte Anne allerdings nicht so begeistert. Aber das hatte sie wohl vergessen.

„Also, ich weiß nicht", meinte Anton schließlich: „Wenn wir vier das machen, dann gibt es ja überhaupt keine Zuschauer. Mehr sind wir ja nicht an Heiligabend; und eine Aufführung ohne Publikum, das ist doch ziemlich komisch." Anne sah ihn nachdenklich an. Dann lief sie hinaus und hoch in den zweiten Stock. Als sie zurückkam, hatte sie Meikes alten Teddy in der Hand. „Den setzen wir im Wohnzimmer aufs Sofa, damit er uns zuschauen kann", rief Anne und fragte: „Das passt doch?" „Unbedingt", sagte Anton grinsend, „für so einen Weihnachts-Pustebär gibt es ganz sicher nichts Aufregenderes, als vor einem Teddy zu spielen." Er nahm Anne in den Arm. Ein paar Minuten wiegten die beiden schweigend hin und her, dann flüsterte Anne: „Weißt du, diesmal wird unser Weihnachten ganz bestimmt eine richtig schöne, zuckersüße Geschichte."

Spezialauftrag für Horst 9

„Chocolat Koehler“

Pit – nennen wir ihn hier einfachheitshalber einmal so – war als Weihnachtsmann ein alter Hase. Nein, Pit stiefelte in der Adventszeit nicht durch die Fußgängerzonen und rief „Ho-Ho-Ho“. Man konnte ihn nicht für Weihnachts- oder Familienfeiern buchen. Er saß auch in keinem Kaufhaus. Winkend auf einem Schlitten und mitten in weißer Watte, um sich mit Kindern von deren Eltern für ein Erinnerungsfoto ablichten zu lassen. Pit war vielmehr ein Schoko-Weihnachtsmann. 65 Gramm schwer, steifer Rücken und mit einem Mantel aus Stanniolpapier. Also eigentlich einer, den es hundertfach, ja tausendfach gab. Pits Platz war die obere Etage des riesigen Regals im Lager von „Chocolat Koehler“, einer alteingesessenen Schokoladenfabrik am Rande der Stadt. Pit wusste Bescheid. Er kannte sich bei „Chocolat Koehler“ besser aus als alle anderen Schoko-Weihnachtsmänner und wohl sogar auch besser als viele der Angestellten dort. Was daran lag, dass die Fabrik bereits seit etlichen Jahren sein Zuhause war und er sie nie verlassen hatte. Was wiederum daran lag, dass Pit durchschaute, was um ihn herum geschah. Er wusste sich zu helfen.

Die Kartenrunde

Udo spielte jeden Dienstagabend Doppelkopf. Zusammen mit seinen alten Schulfreunden Willi, Anton und Ferdinand. Der Termin war gesetzt. Auch jetzt in der Woche vor Weihnachten wollten die vier auf ihre geliebte Kartenrunde nicht verzichten. Gespielt wurde stets in der „Alten Herberge“, der ältesten Weinstube der Stadt. Und immer ab 18.30 Uhr.

Udo verließ sein Haus zeitig, er wollte pünktlich sein. Wie jeden Winter irritierte es ihn, dass es bereits so früh dunkel wurde. Doch in vielen Fenstern blinkten jetzt Weihnachtsbeleuchtungen. Mal warm, mal grell. Wie jedes Jahr war viel Kitschiges dabei. Als Udo zum Nachbarhaus sah, musste er lachen. Er blickte auf den Schattenriss eines mannshohen Osterhasen. Zumindest schien es ihm so: der ovale Bauch, der Kopf, zwei lange Ohren. Ein Osterhase im Advent? Als Udo zwei weitere Treppenstufen genommen hatte und erneut hochsah, hatte sich das Bild verschoben. Nun erkannte er, dass der pummelige Hasenkörper offenbar ein Kirschlorbeerbusch war, der im Vorgarten wuchs. Was wie zwei Ohren ausgesehen hatte, waren die oberen Zacken eines größeren Weihnachtssterns, der bei den Nachbarn im Fenster hing und den er jetzt komplett im Blickfeld hatte. Was für eine Advents-Fata-Morgana, dachte Udo belustigt, nahm sein Fahrrad und machte sich auf den Weg.

Noch ein Kakao

Horst rührte sich einen Kakao an. Es war an diesem Tag bereits der zwanzigste, vielleicht auch schon der zweiundzwanzigste. Kakao war eindeutig Horsts Lieblingsgetränk. Dass sein Kugelbauch sich deshalb immer mehr wölbte, störte ihn wenig. Horst war früher Kugelstoßtrainer gewesen, hatte einige seiner Athleten sogar zu Meistertiteln führen können. Dann gab es einen Zwischenfall. Anschließend hatte er sich als Hundetrainer versucht, seit einigen Jahren war Horst nun Chef seiner Ein-Mann-Agentur für „Spezialaufträge aller Art“. Es gab kaum etwas, das er nicht übernahm. Horst beschattete Ehemänner, die ihren Frauen untreu waren. Er verteilte Prospekte, mähte im Seniorenheim den Rasen. Ein Wellness-Hotel in der Stadt engagierte ihn häufig, wenn man dort einmal wieder keinen Fahrer für die Hochzeitskutsche fand. Eigentlich gab es immer etwas zu tun. Nur für die Wochen nach Weihnachten nahm Horst keine Jobs an. Da war er immer fest gebucht. Für einen geheimen Spezialauftrag. Einen sehr geheimen. In gut einer Woche würde es losgehen. Noch also hatte er etwas Zeit. Horst rührte sich einen weiteren Kakao an.

Ia-Klick-Thema

Constanze war seit drei Jahren Redakteurin bei der Kreiszeitung. Sie war neugierig. Und sie hatte Biss.

Ehrgeizig war sie obendrein. Doch an diesem Dienstagabend wollte sie ausnahmsweise einmal früher Feierabend machen. Constanze hatte gerade ihre Winterjacke angezogen, als der Chefredakteur in das Großraumbüro eilte und in die Runde blickte: „Das müssen wir machen, unbedingt“, sagte er. Constanze und die anderen Kollegen, die noch da waren, warteten ab. „Übrig gebliebene Weihnachtsmänner sollen nach Heiligabend eingeschmolzen und zu Osterhasen verarbeitet werden; also echt, das ist ein 1a-Klick-Thema“, sagte der Chefredakteur. Ein 1a-Klick-Thema bedeutete höchste Alarmstufe, das wusste Constanze inzwischen. „Aber diese Weihnachtsmann-Osterhasen-Nummer ist doch eine Wutz, die jedes Jahr durch den Gerüchtewald getrieben wird“, sagte einer von Constanzes Kollegen. „Aber hat das jemals jemand wirklich aufgeklärt?“, fragte der Chefredakteur und schaute wieder in die Runde. Und zwar herausfordernder als zuvor: „Also, wer macht es?“ Constanze zog die Winterjacke wieder aus, schaltete ihren Computer ein und sagte: „Ich.“

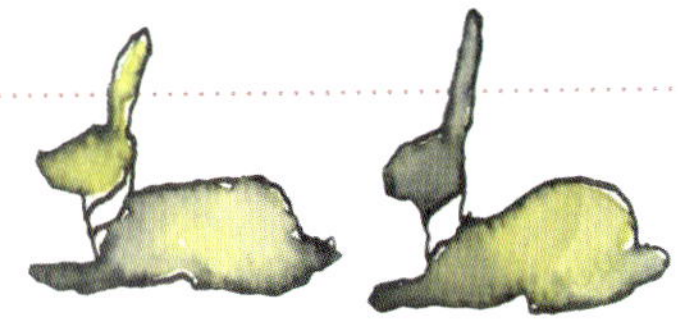

Ein Experiment

Udo hatte schon den ganzen Abend gute Karten. „Wisst ihr, dass ich heute den Osterhasen gesehen habe?“, fragte er vergnügt. „Scherzkeks“, knurrte Willi. Anton und Ferdinand schauten verwundert von ihren Karten hoch. Udo erzählte von seiner Advents-Fata-Morgana, dem Kirschlorbeerbusch und den Sternzacken-Ohren. Willi meinte nur: „Weihnachtsmann und Osterhase, das ist doch eh dasselbe, zumindest wenn sie aus Schokolade sind.“ Das Doppelkopf-Spiel stockte plötzlich. „Ich habe das mit meinen Schülern mal ausprobiert – einen Schoko-Weihnachtsmann einzuschmelzen und daraus einen Osterhasen zu gießen, ist tatsächlich kein Problem“, meinte Anton, der Chemielehrer war. „Sag ich doch“, brummte Willi. Er legte die Karten aus der Hand, schaute verschwörerisch in die Runde und zog die Augenbrauen hoch: „Habt ihr schon mal bemerkt, dass Schoko-Nikoläuse und Schoko-Hasen exakt dasselbe wiegen – nämlich 65 Gramm, das ist doch kein Zufall.“

Udo schüttelte den Kopf. Eine Weile sagte niemand etwas. Dann zog Ferdinand den Papierblock zu sich heran, auf dem die Runde Punkte, gewonnene und verlorene Spiele notierte. Früher war auch er Lehrer gewesen, seit einiger Zeit zeichnete und textete er aber recht erfolgreich Kinderbücher. Was Ferdinand vor den Augen der drei anderen mit ein paar schnellen Strichen zu Papier brachte, war ein Hase – ein Hase, der sich eine Nikolausmütze aufgesetzt hatte.

Die Mechanismen des Marktes

Constanze hatte sich mit einer Internetrecherche binnen einer Stunde einen ersten Überblick verschafft. Der Kollege hatte recht: Jedes Jahr wurde in verschiedenen Medien so lust- wie geheimnisvoll darüber spekuliert, ob verschmähte Schoko-Weihnachtsmänner als Hasen wiederauferstehen. Interessanterweise war allerdings nie davon die Rede, dass übrig gebliebene Schokoladenhasen zu Nikoläusen wurden. Constanze erschien dies merkwürdig, und sie machte sich eine Notiz. Sie las, was die Hersteller zu sagen hatten. In den Ladenregalen stehen gebliebene Schoko-Weihnachtsmänner wieder einzusammeln, auszupacken, einzuschmelzen und mit der so gewonnenen Masse Osterhasen zu formen, sei viel zu umständlich, zu teuer und schon aus Hygienegründen zweifelhaft. Außerdem würde die Qualität der Schokolade unter dieser Art des Recyclings leiden. Dazu kenne man den Markt genau und produziere deshalb nicht an der Nachfrage vorbei. Die Statements der Schokoladenfabriken ähnelten sich; fast schien es so, als hätte man sich abgesprochen, fand Constanze. Doch das war nur eine Vermutung, ein erster Verdacht. Für eine 1a-Klick-Story reichte das nicht. Lange noch nicht.

Keine überflüssigen Fragen

Horst sah auf die Uhr. Für einen Kakao war noch Zeit. Vereinbart war, dass er am Tag nach Weihnachten zu seiner Tour aufbrechen sollte. Er nahm einen

Schluck, zog die warme Flüssigkeit mehrfach durch seine Zahnlücke, während er die Süße seines Lieblingsgetränks auf der Zunge spürte. Horst sah hinaus auf die Straße, wo sein Transporter stand. Er erinnerte sich noch gut an die Tour vor einem Jahr. Der plötzliche Wintereinbruch hatte ihn nur langsam vorankommen lassen. Kreuz und quer war es durch Süddeutschland gegangenen, während er die lange Liste abarbeitete: Supermärkte, Dorfläden, teils auch Bäckereien und Tankstellen. Meist hielt er an der Rückseite der Geschäfte, sein Spezialauftrag war ja geheim. In der Regel standen bereits die Kartons bereit, die er abholen sollte. Viele waren mit Paketband umwickelt, manche auch mit dicker Kordel fest verschnürt. Allmählich hatte sich die Ladefläche des Transporters gefüllt.

Seine Thermoskanne mit Kakao war damals schon lange leer gewesen, als Horst zum vereinbarten Zeitpunkt und am vereinbarten Ort ablieferte, was er eingesammelt hatte. Über den Inhalt der Kartons wusste Horst nichts. Eine Zeit lang hatte er sich gefragt, ob es Schoko-Nikoläuse waren, die im Weihnachtsgeschäft liegen geblieben, jetzt schlicht unverkäuflich waren und deshalb retour gingen. Aber warum dann diese ganze Heimlichtuerei?, wunderte sich Horst. Letztlich war es ihm aber auch egal, was in den Kartons war und wie es mit deren Inhalt weiterging. Ihn interessierte ja beispielsweise auch nicht, was mit den untreuen Ehemännern passierte, die er beschattet und überführt hatte. Nur zwei Dinge hätte Horst wirklich gerne gewusst: Gab es eine solch geheimnisvolle Tour auch durch Norddeutschland? Und wer bekam dafür den Spezialauftrag?

Gedanken am Nachtischbuffet

Constanze atmete tief ein, ließ die warme Sonne über ihr Gesicht streifen. Ach ja, dachte sie, was war das doch für eine gute Idee. Kurz vor Heiligabend hatte sie einen Kurzurlaub auf Lanzarote gebucht. Ein Last-Minute-Angebot für ein Luxus-

Resort-Hotel zum Super-Schnäppchenpreis. Sie brauchte einfach Luftveränderung, nichts hatte in den Tagen vor dem Fest so richtig geklappt. Erst hatte man ihr Auto abgeschleppt, weil sie in einer Einfahrt geparkt hatte. Dann war die Waschmaschine kaputtgegangen. Und bei der 1a-Klick-Story war sie auch nicht richtig weitergekommen. Wenn es tatsächlich ein Schoko-Ringtausch-Kartell geben sollte, das Weihnachtsmänner und Osterhasen verschob, dann tarnte es sich gut. Constanze genoss die Annehmlichkeiten des Luxushotels. Diesen Abend wollte sie sich auch einmal am Nachtischbuffet bedienen, das sie bisher kalorienbewusst gemieden hatte. Körbe voller zuckersüßen Gebäcks, dreistöckige Eistorten, Windbeutel, Gläser mit Cremes in allen Farben, Zabaione, sirupgetränkte Kuchenschnittchen. Constanze konnte sich nicht entscheiden.

Mitten auf der langen Tafel mit dem Nachtischbuffet stand ein Schokoladenbrunnen. Über sechs Etagen floss die glänzende Masse geschmeidig und wie im Schlaraffenland hinab. Constanze spürte die Versuchung, spießte eine Erdbeere auf, hielt sie in den Brunnen und ließ sie von der warmen Schokolade umfließen. Dann nahm sie die Schokoerdbeere in den Mund, die Süßigkeit drehte sich wie ein Kinderkarussell, schlug Purzelbäume gegen den Gaumen. Und plötzlich drängte sich – erst langsam, dann immer bestimmter – eine einzelne Geschmacksnote in den Vordergrund. Constanze konzentrierte sich, versuchte zu ergründen, woran sie das erinnerte. Dann wusste sie es: an Weihnachten.

Constanze atmete tief durch. Wie viele Luxushotels mit Schokoladenbrunnen mochte es auf der Welt geben? Woher stammte die Schokolade, die da die Etagen hinunterströmte? Wo würde man Antworten auf all diese Fragen finden? Und wer könnte ihr vielleicht dabei helfen? Sich mal umhören und umschauen? Constanze machte sich eine Notiz. Dann spießte sie eine weitere Erdbeere auf und hielt sie vergnügt in den Schokoladenbrunnen.

Das Versteck

Pit schaute das lange Regal entlang, das seit Wochen leer war. Wie immer bei „Chocolat Koehler“ hatten Lagerarbeiter bereits im Herbst die Schoko-Nikoläuse herausgeräumt, verpackt – stets 24 Stück pro Karton – und dann abtransportiert. Das Hin und Her ließ das Regal dabei mitunter etwas schwanken und zittern. Pit hatte wie in den Jahren zuvor diese Vibrationen genutzt, um sich langsam nach hinten rutschen zu lassen – in eine Nische zwischen zwei Rohrleitungen. Pit war, wie gesagt, ein alter Hase, der wusste, wie es läuft. Wieder hatte man ihn übersehen, wieder war er unverpackt geblieben. Einmal mehr hatte Pit es geschafft. Er genoss die Ruhe. Bald würde sich das Regal aber wohl wieder füllen. Mit der Konkurrenz. „Die mit den langen Ohren“, nannte Pit sie.

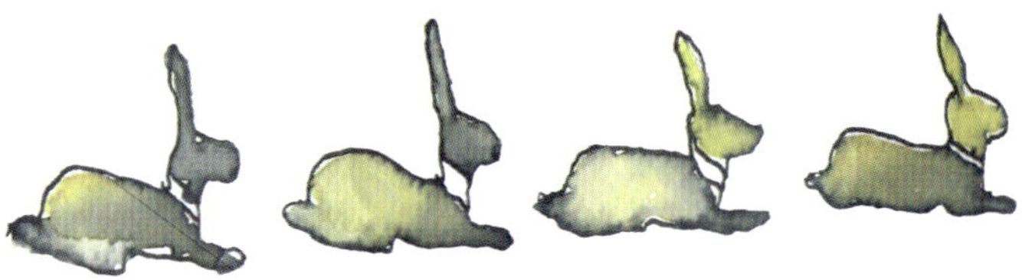

Ein Zusammenstoß

Constanze blickte auf ihren Zettel. Gestern war sie aus Lanzarote zurückgekommen. Den letzten Urlaubstag heute wollte sie nutzen, um noch rasch all das zu erledigen, was liegen geblieben war. Es war bereits nach 18 Uhr, aber es standen immer noch etliche Punkte auf dem Zettel. Gerade hatte Constanze aus der Reinigung drei Blusen und zwei Röcke abgeholt. „Die müssen sie nicht einpacken, mein Auto steht gleich um die Ecke“, hatte sie dem Mann in der Reinigung gesagt. Constanze sträubte sich gegen Verpackungsmüll jeglicher Art. Sie fröstelte und lief schneller. Die Blusen und Röcke hingen locker über ihrem Arm.

Bis um die Ecke, hinter der sie ihr Auto geparkt hatte, kam Constanze nicht. Den Gehweg blockierte ein Transporter. Dessen Ladeklappe war heruntergeklappt, darauf standen mehrere Stapel Kartons. Constanze wollte gerade die Straßenseite wechseln, als sie jemand „Herrje, verdammt noch mal“ rufen hörte. Nahezu gleichzeitig spürte sie, wie ihr eine warme, fast heiße Flüssigkeit über die Schulter lief. Und auf die frisch gereinigten Blusen und Röcke zu tropfen begann.

„Was soll das?“ Constanze drehte sich verärgert um und sah auf der Ladefläche einen Mann kauern, der gerade schwerfällig versuchte aufzustehen. Neben ihm lag ein umgekippter Pappbecher.

„Entschuldigung, gute Frau, Entschuldigung“, sagte der Mann, als er sich endlich aufgerichtet hatte: „Ich bin ausgerutscht, es tut mir unendlich leid.“ Constanze hielt ihm wortlos Blusen und Röcke hin, auf denen hässliche, dunkelbraune Flecke zu sehen waren. „Oh je“, sagte der Mann, „das ist mein Kakao, den Becher hatte ich gerade in der Hand.“ Constanze schüttelte nur den Kopf, ihre restlichen Erledigungen konnte sie wohl vergessen. Aber irgendwie amüsierte sie der Vorfall auch ein wenig. Standen solche Zusammenstöße und Zufallsbegegnungen nicht oft am Anfang eines Films oder eines Romans? Der Mann kam von der Ladefläche herunter. „Ich bin Horst“, sagte er: „Ich zahle natürlich die Reinigung; und darf ich Sie vielleicht zur Wiedergutmachung einladen – vielleicht da vorne in der Bäckerei zu einem Kakao?“ „Auf keinen Fall jetzt einen Kakao!“, rief Constanze lachend. „Aber dort drüben in der „Alten Herberge“ zu einem Glas Wein.“

Der Ganzjahres-Typ

Udo mischte die Karten. Es war die erste Doppelkopfrunde der vier im neuen Jahr. Die Gaststube der „Alten Herberge“ füllte sich allmählich, am Nachbartisch hatten gerade eine Frau und ein Mann Platz genommen „Ich hab übrigens noch eine andere Lösung für unser Problem“, sagte Ferdinand und klappte seinen Papierblock auf. „Welches Problem denn?“, fragte Willi. „Die Sache mit dem Weihnachtsmann und dem Osterhasen, ihr erinnert euch?“, antwortete Ferdinand und deutete auf die Zeichnung vor ihm. Sie zeigte eine etwas rundliche

Figur, die einen langen, rot-braun karierten Fellmantel trug. Unter dem Saum lugten ein Stiefel und eine Pfote hervor. Aus dem Kragen ragten zwei Köpfe: ein Weihnachtsmanngesicht mit roter Mütze und buschigen Augenbrauen sowie ein Osterhasengesicht mit goldenen Ohren und blauen Augen. „Ein Doppelkopf, das passt doch“, rief Udo lachend und teilte die Karten für das erste Spiel aus. „Man könnte ihn Nikoster nennen“, meinte Ferdinand schmunzelnd, „der Nikoster wäre ganzjahresfähig, da braucht dann auch nix mehr eingeschmolzen zu werden.“ Anton lachte.

Die Doppelkopfrunde war so mit sich beschäftigt, dass sie nicht bemerkte, wie der Mann am Nebentisch kurz zusammenzuckte. Die Frau drehte sich zu ihnen um und fragte in die Runde: „Kann ich die Zeichnung mal sehen? Scheint ja lustig zu sein. Und Entschuldigung, wir wollten nicht lauschen …“ Horst und Constanze hatten sich zuvor gerade darüber ausgetauscht, was sie beruflich so machten. Er hatte ihr von seiner Ein-Mann-Agentur für Spezialaufträge aller Art erzählt, ohne aber etwas über seinen aktuellen Job zu sagen. Sie berichtete über ihre letzten Recherchen bei der Kreiszeitung.

Ferdinand reichte das Blatt herüber: „Bitteschön.“ Constanze schaute auf den doppelköpfigen „Nikoster“. „Es gibt da eine Sache“, sagte sie zu Horst, „der würde ich gerne auf den Grund gehen.“ Sie tippte ein paar Mal auf die Zeichnung: „Sie sind mir nach dem Kakao-Schlamassel noch etwas schuldig, ich hätte da einen Spezialauftrag für Sie …“ Horst gelang es, nicht erneut zusammenzuzucken.

Auf dem Boden der Tatsachen

Pit war einen Augenblick unaufmerksam. Dass plötzlich das Regal leicht zitterte und schwankte, überraschte ihn völlig. Pit rutschte ungewollt noch ein Stück nach hinten. Und über die Kante. Im Spalt zwischen Regal und Wand stürzte er hilflos zu Boden. Das Stanniolpapier bekam einen langen, hässlichen

Riss. Aber erstaunlicherweise brach nichts, die Schokolade war im Verlauf der Jahre hart geworden. Pit lag auf dem Rücken. Hier unten würde ihn bei „Chocolat Koehler" niemand suchen und finden. Er musterte die Umgebung. Ein paar Spinnweben, ein Geldstück, das offensichtlich unter das Regal gerollt war. Und da lag noch jemand. Pit sah, dass es einer von der Konkurrenz war. Die mit den langen Ohren. Der Kollege hatte den Aufprall nicht ganz so gut überstanden, ein Ohr hing abgeknickt und zersplittert herab. „Hallo, ich bin Pit", sagte er. Der andere räusperte sich: „Auch abgestürzt? Ich bin Bob …"

In dem Lagerraum, von dem die beiden nur den Boden überblicken konnten, waren Stimmen zu vernehmen. Sie sahen Schuhe. „Dann wollen wir mal wieder, neue Ware", hörten sie einen Mann rufen. Das Regal über Pit und Bob zitterte und schwankte erneut leicht. „Frohe Ostern", sagte Bob, „wir sind ja jetzt offenbar ein Doppel hier unten." „Und das auf unabsehbare Zeit, wie es scheint", antwortete Pit. Er durchschaute, was um ihn herum geschah.

Rolf Schlicher (Jahrgang 1955) lebt in Neustadt an der Weinstraße. Er leitete 20 Jahre das Südwest-Ressort der Tageszeitung DIE RHEINPFALZ (Ludwigshafen). Dort zahlreiche Veröffentlichungen zur Region Pfalz. Von ihm erschienen die Bücher „Das Pfälzer Tischleindeckdich – Wo ein Picknick zum Erlebnis wird" (2014) und „Potzblitz – die Pfalz! Von Gletschern, Echos und einem Himmelreich" (2022).

Über die Entstehung der Geschichten in „Der Weihnachts-Pustebär" sagt er: „Ich habe vor über 20 Jahren begonnen, für die Familie zu Heiligabend kleine Theaterstücke zu schreiben. Auch da ging es um wundersame Dinge und goldene Momente des Glücks. Meine Frau, die Kinder und ich waren die Schauspieler, die Großeltern die Zuschauer. Später waren es dann Geschichten zum Vorlesen. Manche Figuren wie Frau Roggenbeck, Bodo und Valentin oder Anton entwickelten auf liebenswerte Weise solch ein Eigenleben, so dass sie mehrfach in diesen Weihnachtsabenteuern vorkommen."

Rainer Gumpp (Jahrgang 1954) ist Architekt und Professor für Entwerfen und Tragwerkskonstruktion (Weimar). Über seine Illustrationen zu „Der Weihnachts-Pustebär" sagt er: „Die Bilder entstanden von 2000 bis 2023 und stellen innerhalb ihrer Abfolge eine graphische Weiterentwicklung dar. Ich selbst wollte mein altes Talent, das ich über viele Jahre aufgrund meiner beruflichen Tätigkeit nicht mehr nutzen konnte, wiederentdecken.

Ich begann mit dem ‚Kaugummiautomaten' – ein reines Aquarellbild. Danach entstanden die Engel und der Tunnel. Aufgrund von Kritik, der Tunnel sei zu dunkel (warum auch immer – Tunnel sind dunkel), scannte ich das Bild ein und versah es vorübergehend mit einem gleißend gelben Hintergrund. So wurden die Möglichkeiten des Computers teils ein Zusatzelement. Bei der Kutsche wird die Handzeichnung mit einem Meerbild überlagert, und auch die Illustration für ‚Horst' entwickelte sich als Mischung zwischen Aquarell und Computerfärbung."

Ohne sie würde es dieses Buch nicht geben: meine liebe Familie, die an Heiligabend stets Ersthörer der oft noch unfertigen Geschichten war. Danke an Anke Herbert, Peter Behrens und Gerd Faber für Unterstützung und an Waltraud Müller für ihre pfiffigen Vorschläge zu „Horst". Zuletzt Danke an das tolle Team des Pilgerverlags und an Rainer für Offenheit und Phantasie. R.S.

Bibliografische Informationen der Deutschen Bibliothek: Die Deutsche Bibliothek verzeichnet diese Publikation in der Deutschen Nationalbibliografie; detaillierte bibliografische Daten sind im Internet über http://www.dnb.de abrufbar

ISBN: 978-3-946777-30-4

Autor: Rolf Schlicher
Illustrationen: Rainer Gumpp

Druck: Englram & Partner GmbH, Haßloch, www.englram.de

Verlag und
Gesamtherstellung: Peregrinus GmbH, Pilgerverlag, Speyer, www.pilgerverlag.de

1. Auflage 2023